自信的孩子会发光

如何让孩子变得自信且内心强大

路方方 著

北京理工大学出版社
BEIJING INSTITUTE OF TECHNOLOGY PRESS

图书在版编目（C I P）数据

自信的孩子会发光：如何让孩子变得自信且内心强大 / 路方方著. -- 北京 ：北京理工大学出版社，2024.5

ISBN 978－7－5763－3530－9

Ⅰ. ①自…　Ⅱ. ①路…　Ⅲ. ①家庭教育　Ⅳ. ①G78

中国国家版本馆CIP数据核字（2024）第020343号

责任编辑：申玉琴　　文案编辑：申玉琴
责任校对：刘亚男　　责任印制：施胜娟

出版发行 / 北京理工大学出版社有限责任公司
社　　址 / 北京市丰台区四合庄路 6 号
邮　　编 / 100070
电　　话 / (010) 68944451（大众售后服务热线）
　　　　　 (010) 68912824（大众售后服务热线）
网　　址 / http://www.bitpress.com.cn

版 印 次 / 2024 年 5 月第 1 版第 1 次印刷
印　　刷 / 三河市华骏印务包装有限公司
开　　本 / 710 mm × 1000 mm　1 / 16
印　　张 / 18.5
字　　数 / 200千字
定　　价 / 59.80元

前 言

我是一名 7 岁孩子的妈妈，也是一名在学前教育一线工作了 15 年的幼儿园园长。得益于工作，我有幸与很多 0~6 岁孩子的父母结识，累计服务超过 2 000 个家庭。15 年间，我见证了父母们的养育观念发生了怎样的转向，并在此期间，结婚生子，和丈夫共同养育了一个活泼乖巧、温暖有力量的女儿。15 年的时光，如果说前 8 年我都是在用理论指导着家长，那么后 7 年，我在扎扎实实地做着育儿实践。

站在人生的当下，我觉得应该为自己长久以来的工作实践和养育经验做一个回顾和总结，现在这个时机到了。

15 年，在整个人生旅程里只是一段，但对新手父母而言，养育的观念已经迭代了好几次：从“佛系”走向“鸡娃”又走向如今的平和。特别在国家“双减政策”的引领下，如今的父母对养育孩子心态越来越平和，对教育的规划也越来越有远见。

如果你问我们这一代父母希望孩子拥有什么样的人生，我想成功可能不再是一致的答案，但拥有幸福一定是。我们这一代父母是中国第一代真正意义上的“学习型父母”，我们对孩子的养育不再只是纯粹依靠原生家庭的经验，而是主动学习，去获取更科学、更有效的方法；对孩子的教育不再只是盯着成绩，我们重视孩子的品格养成，关心他的未来，在乎他是否可以收获幸福……

在与父母的交流中，每当提及0～6岁孩子与其父母之间的关系时，我经常会用“育儿的蜜月期”来形容这段宝贵的亲子时光。是啊，0～6岁是整个养育教育过程中功利性最小、焦虑最少而又充满希望的一个时期。但，这并不意味着养育0～6岁的孩子是一件没有困难的事情。

在我的工作日程里有个惯例：每周二在幼儿园开设“妈妈互助下午茶”，邀请不同的妈妈（爸爸）一起品茶聊天，讨论和养育孩子相关的话题。这个宝贵的惯例不仅让家园之间更加充满信任，也让我有机会倾听很多家庭面临的养育难题，和很多父母一起去面对一些棘手的问题。

但其实，这些问题都不那么棘手。因为我们知道每个孩子都有他的“出厂设置”，他就是会出现各种各样的小问题需要我们提供帮助。我们也相信孩子具有非常强的可塑性，问题的解决只是需要我们成人多一些智慧、耐心和支持。孩子的小问题各式各样，但真正让父母感到焦虑的是孩子的品格养成，或者说得更加直白一点：孩子的自信心培养。

自信是一股内在的力量，指引着孩子走向更宽广的世界，领略更美丽的景色，但事实上并非每个孩子生来就拥有这股力量。缺失了这份力量的孩子不仅仅是缺少了一些事业成功的机会，他们的人际关系、职场关系甚至亲密关系都会受其影响。可以说，自信伴随孩子的终身，也是预测孩子未来生活能否幸福的一个重要指标。

正如前文所述，父母对孩子的期望不一定是出人头地，但一定会希望他们拥有自信、拥有通往幸福的可能。这些力量弱、缺失了自信心的孩子需要支持，他们的父母更需要支持。只有父母了解了有关自信的底层密码，掌握了帮助孩子通往自信的方法，我想在彼此支持，走向更好的过程中，不仅是孩子，父母的人生也会更加完善。

在工作中，我聆听了一个又一个胆小、退缩、柔弱的孩子成长的故事，幸运的是，我看到了大部分的他们变得或者正在变得积极、勇敢和自信。这些使我相信：每个父母都可以帮孩子走向自信。多年的从业经验以及儿童心理学的研究也一直向我们证实着婴幼儿期在人的一生中所占据的重要地位。正如《游戏是孩子的功课》一书中的薇薇安·佩利老师所说："的确，人类形成于童年时期。"

此刻，亲爱的爸爸妈妈们，让我们一起走上帮助孩子通往自信的道路，希望本书可以支持到你。

目　录

第3章 给孩子爱和支持，在家庭中收获自信

第4章 培养社交小达人，在人际交往中获得自信

第5章 提供资源和方法，在能力中提升自信

第6章 父母的人生态度里藏着育儿的秘密

第1章

谁夺走了孩子的自信心？

“一旦孩子的内心有自卑感，孩子的生活就会充满冲突。而随之出现的胆怯退缩等不良个性，则会与孩子形影不离。与之相反的是自信，自信使孩子能掌握或驾驭自己的行为。”

——蒙特梭利

1.1　一个自信的孩子和一个自卑的孩子

孩子的发展是一个整体，包含认知领域、社会化和情绪领域以及体格和大脑领域的发展。如果某个领域发展得好，它往往能促进其他领域的良性发展，但如果某些方面发展得不太好，那么也会影响其他领域的发展。

幼儿园的美术课上，老师正在给小朋友讲解春天的花园是什么样的，小朋友们都很积极地参与老师的问题讨论。

优优把手举得特别高，在听到老师叫她的名字后，她一口气说出了关于春天的很多景象。迪迪则坐在椅子上低着头。老师看到迪迪后，问她："迪迪，你有没有什么要分享的？"迪迪害羞地摇了摇头。老师说："那好吧，等你下次想好了再分享！"

讨论结束了，老师给每桌分发了绘画材料，鼓励小朋友自己动手创作。

这时，迪迪握着画笔一动不动。老师走过去问："迪迪，你怎么不画呢？"迪迪小声回答："我不会。"旁边的优优说："才不是呢！你画的向日葵可好看了，我昨天在你家看到了！"老师听到后说："原来迪迪会画向日葵呀？向日葵就是春天的花，你可以画一个在纸上呀！"可是，迪迪还是一动不动。老师见状，就先去辅导其他小朋友了。

美术课要结束了，迪迪的画纸还是一片空白，老师问优优：“你愿意帮帮迪迪吗？”优优说：“可以呀，我们是好朋友。”于是，在优优的帮助下，迪迪完成了今天的美术作业。

美术课结束了，优优开开心心地跑到户外和小朋友一起玩滑梯了，迪迪则坐在教室里看着别人。

在案例中我们看到，面临同样的处境，两个小朋友的表现完全不一样。文中的优优自信大方，在幼儿园生活得很开心，但迪迪却是一副比较消极的姿态，不怎么参与幼儿园的活动，情绪也比较低落。因此，一个孩子如果缺乏自信心，影响的不仅仅是发言的机会、获得他人认可和尊重的机会，还会影响孩子的情绪发展和人际沟通，甚至影响孩子的学业表现。

1．缺乏信心，缺的不仅仅是成功的机会

内心缺乏信心的孩子是一个胆小退缩的孩子。孩子退缩在人群后面，有时候并非能力不足，而是缺乏勇气，自信心不足，不敢表达自己。如案例中的迪迪，其实老师很清楚这些问题她都可以回答，只是她认为自己会说不好。

内心缺乏信心的孩子是一个无精打采、无趣的孩子。虽说爱玩爱疯是孩子的天性，但人群中就是有一部分孩子活跃度很低，大部分时候都愿意选择安静地待着。这样的孩子很容易被当成没有想法、无聊的孩子，在人群中很难引起他人的关注。如案例中的迪迪，即使老师有意地关注到她、真诚地邀请她分享想法，她最

后还是选择了沉默。可能身边亲近的成人（老师）能够理解不回答问题的原因只是迪迪的性格如此，并不是她的能力不足，但身边的小伙伴可不会这么认为，长此以往，迪迪在小朋友们的眼中就成了一个脑子不那么聪明、沉默无趣的形象。

内心缺乏信心的孩子是一个孤独的孩子。自信心在社交中同样重要，它促使孩子积极地加入同伴的游戏，在游戏中表达想法、商讨游戏规则、和他人共同决定游戏的发展方向。但如果缺少这份自信，孩子很可能会在人群中感受孤独。人类是群居动物，无论性格如何，孩子天生都具有与人交往的倾向。对缺乏信心的孩子来说，“没人跟我玩”会成为孩子生活中最大的挑战。

内心缺乏信心的孩子是一个容易受委屈的孩子。一个缺乏自信的孩子，为了获得他人的认可，很可能会牺牲自我的真实意愿。在集体中，如果涉及利益分配，低自信的孩子往往不能大声表达自己的需求，这样他的利益可能会被侵犯。在社交中，为了获得他人的接纳，低自信的孩子也常常会委屈自己扮演一些负面的、边缘的角色，或者一直听命于某个很强势的孩子，在社交中，处于被动和劣势的地位，如下文中的清清。

星期二早上，清清的奶奶非常气愤地来到幼儿园办公室，一进门，就朝园长大声抱怨：“洋洋这个孩子怎么能这么霸道呢？我家清清穿什么衣服她都要管！”

仔细一问才知道，原来周末的时候，奶奶给清清买了一条新裙子，清清特别喜欢，周末在家都舍不得脱下来。周一早上，清清又开开心心地穿着裙子来学校了。只是到了周二早上，说什么清清也不愿意穿这条裙子了。奶奶觉得很奇怪，问了好久，清清才说出原因："洋洋说我穿着裙子跳鞍马会甩到她，她让我以后不要再穿这条裙子了。"

奶奶说："如果你穿了会怎样？"

清清说："那样洋洋就不跟我玩了。"

奶奶说："不玩就不玩，你可以跟其他小朋友玩呀！"

但清清就是拒绝再穿这条裙子了，虽然她很喜欢。

清清遇到的挑战远不是奶奶一句"不玩就不玩，你可以跟其他小朋友玩呀！"就能解决的。按照大人的思维习惯，一个霸道的人是不值得深交的，当他提出过分的要求时，我们可以拒绝，并主动与其中断关系，转向寻找和我们更同频的朋友。但在孩子的世界里，特别是一个内向敏感的孩子，每一段关系的建立都花费了他们很多精力，因此他们往往特别珍惜这段关系，不到万不得已，宁愿牺牲自己的利益来继续维持关系。因此，一个自信心缺乏的孩子也会在社交关系中委曲求全。

2．小时候胆小自卑，长大了宅家啃老，不自信也会长大

年幼时，孩子们有各种各样不自信的表现。有的孩子主要对自己的人际交往能力不自信，表现为害怕见人、不敢跟人打招呼、和人讲话时声音小得听不到或是吞吞吐吐说不清楚。有的孩子则对自己的学业表现不自信，认为自己就是笨，学不会，表现为学习主动性差、厌学、上课三心二意、写作业拖拉等。还有的孩子则是对自己解决问题的能力不自信，遇到困难就大哭放弃、找父母求助或者是长时间陷在负面情绪里走不出来。

这些都是 0～12 岁的孩子在生活中遇到的一个个实实在在的

挑战，但我们其实更应该警惕的一个现象是，孩子们小时候的这些不自信，并不会随着孩子年龄的增长而得到改善，而是会变本加厉，将孩子的生活牢牢套住。

澎湃新闻曾报道过一起案例，一位名校毕业生，周某，在毕业之后持续在家啃老。

据报道，周某自从大学毕业后，就以就业形势不好、用人单位故意为难、面试官特意针对他等，作为自己无法就业的理由。后因迟迟找不到工作，他便又提出在家备战考研，一考就是三年，最终无果。后来干脆破罐子破摔，待在家里整天玩手机打游戏，再也不出门了，全然不顾自己已经年迈的双亲，在家里理直气壮地当起了“啃老族”，还时不时因为意见不合和父母大吵大闹。

报道里没有描述周某幼时的生活状况和性格特点，但是从他成年后面临生活中一系列问题时的选择可以看出，他是一个很缺乏自信心的人。他认为生活中出现的困难都是特意针对他的，他总是生活中的那个倒霉蛋，自己似乎也没有能力去改变这样的霉运。当生活中发生的事情没有能按照他的预期发生时，他就一蹶不振了，最终选择躲在家里，每天沉浸在虚拟世界里，逃避真实生活。因此，自卑也会跟着孩子长大，且长大后会以更激烈的方式呈现出来，比如，逃学、厌学、沉迷手机和网络、宅在家里不出门、不社交、不与外界交流、脾气大且暴躁，容易与父母发生激烈的冲突等。

3. 拥有自信，拥有获得幸福的可能

作为父母，我们都希望孩子拥有一个美好的未来。这样的未来不一定要多成功，但一定是一种积极向上、自食其力的生活，是一种有能力收获幸福的生活。无论是谁在一生中都会遇到各种各样的挑战，区别在于，拥有自信心的孩子呈现出来的精神状态不一样，他们有克服困难的勇气，也有相信自己一定能找到解决办法的坚定信念。

自信就是这样的一股力量，激励着人们朝物质和精神两个方面持续超越自我。因此，拥有自信心的孩子未来也更有可能收获幸福的人生。

自信的孩子具有“悦己”的能力，他们对自己有较高的评价。生活中，我们看到很多人一生不幸的根源就是对自己的苛刻和不满，他们终其一生都在致力于摆脱真实的自我，这种对内在自己的排斥和厌恶让他们的生活充满了艰辛和不幸。事实上，接纳自己、爱自己是一件比被人接纳更重要的事情，而拥有自信心的孩子通常很早就能明白这样的道理，并以“我的感受好就好”作为处事的原则。

彤彤今天放学回家，告诉妈妈她想要把现在的长头发剪短。妈妈问她原因，她说夏天太热了，跑来跑去总出汗，被汗水浸湿的刘海总是贴在脸上很不舒服。

妈妈说：“那你想好了，如果头发剪短了，你的那些漂亮的发卡就不能戴了。”

彤彤说：“我想好了，你带我去剪头发吧。”

剪短了头发的彤彤来到学校。小朋友们看到彤彤都很吃惊，剪短头发后的彤彤看起来像个假小子一样。

清清走过来跟彤彤说:“你怎么把头发都剪短了，我觉得这样一点都不好看。”

彤彤却大声说:“我觉得好看就行。”

所以，彤彤的妈妈对她很放心，她知道自己的孩子是一个有想法的人，一个对自己有很高评价的人，一个喜欢自己的人，一个有信心的人，这样的她不会轻易被别人的意见左右，生活中也少了许多烦恼。

自信的孩子能持续地创造价值和财富，满足自己的物质需求。一个自信的孩子总是相信未来掌握在自己手中，他们身上具有终身学习的品质和积极向上的生活态度。生活中遭遇的一切困难，他们从心底认为自己有能力克服。这样的信心使孩子在年幼时能够战胜一个又一个学业上的挑战，在进入职场后可以掌握一个又一个职业技能。这样的学习能力和生活态度决定了他们能持续超越自己，并同时获得丰富的物质回报。因此，一个拥有了自信的孩子，未来的物质生活一定不会太差。

自信的孩子能维持好的人际关系，满足自己的精神需求。生活中能拥有很多良好关系的人，通常是一个积极自信的人。正如俞敏洪在其著作《永不言败》中所说:“人是社会性的动物，我们所做的一切都是为了融入这个社会，得到别人的认可，尤其是被我们热爱的人认可，这就是我们生命的本质和全部意义。”一个自信的孩子，能清晰地认识自己的优缺点，对自己有正确的认识和关系定位。在处理各类关系时，能把握好边界，既不会降低身份委屈自己，也不会傲慢无礼伤害别人。他们是人群中受欢迎的那一个，并能在与人交往中感受到自己的价值，获得精神的满足。

回顾本节

❶ 孩子的发展是一个整体，一方面的好坏会影响到其他方面的发展。孩子缺少自信心，不仅会影响到孩子的学业表现，还会影响到他的人际交往和情绪发展。

❷ 父母们不一定希望每个孩子都成为学霸，但一定希望他们可以在成年后拥有幸福。

❸ 孩子拥有自信便可以拥有更多通往幸福的可能。不管是在物质世界还是在精神世界里，自信的孩子都有力量让自己生活得更好。

1.2　被误解了的自信心

自信是一个人能够直面挑战、战胜困难的一股内在力量，也是我们在生活中会经常使用的一个词。它很常见，但并不是所有人都理解自信深层的意义，关于它的误解还有很多。

1．误区一：他人的肯定和鼓励一定可以促进自信心

生活中，如果我们想要帮助一个不太自信的孩子，下意识地，我们会选择给他加油打气：

“没关系，你试试嘛！”

“你可以的，不试一试怎么知道不行？”

“我相信你，宝贝，加油！”

这些话听起来都是在给孩子的内心赋能，但此刻，孩子的内心最想回复的一句话其实是：“你相信我，可是我不相信自己啊！”

所以说，自信心最关键的因素是自己：只有自己认为自己有能力面对困境、有勇气面对失败、有信心做出改变才有意义。至于他人的鼓励和肯定，只能是锦上添花的策略。它可以使原本自信心一般的孩子增强自信，却无法让没有信心的孩子找到自信。事实上，如果孩子很没有信心，身边的人却一直不停地劝导他，其结果往往会适得其反。

今天，迪迪在爸爸妈妈的陪同下参加早教班的体能课。课堂上，老师示范了如何使用单脚保持平衡，走过一段独木桥。

迪迪在老师示范时，一直很紧张地抓着妈妈的衣服。

示范结束了，老师请父母带着孩子自行练习一会儿。爸爸非常认真地向迪迪示范如何单脚站立，技巧是什么，并一再向迪迪保证会保护好她，但迪迪始终站着不动，拒绝尝试。

妈妈也加入进来，鼓励迪迪："你看！迪迪，就是一个脚抬起来就行，很简单的。就像妈妈一样，不会摔倒的。"

妈妈反复说了好一会儿，迪迪还是有点不确定，站着不动。

老师看见了，也走过来："迪迪，老师拉着你的手试试吧，就像妈妈说的，很简单的！"老师边说边去拉迪迪的手，迪迪抽开手躲在了妈妈身后。

另一个老师见状，也走过来："迪迪不是最喜欢王老师吗？我带你走好不好？"

迪迪抬起头，看着围成一圈的四个大人，"哇"地大声哭了出来。

迪迪是真的不会单脚站立吗？妈妈知道不是这样的，因为迪迪在家玩游戏时，有时也会和爸爸妈妈使用单脚跳来跳去。可是她今天就是拒绝尝试，而且还情绪崩溃了，表现得特别伤心。

妈妈很清楚，迪迪就是这样的孩子，她很敏感，在公共场合人多的地方很怕生。她不尝试不是缺乏能力，而是缺乏信心，没有足够的勇气。再加上四个大人轮番激励，让迪迪的内心非常纠结：一方面是不停地鼓励自己的亲人，一方面是自己的确没有勇气尝试的事实。两种感受加在一起，让那一刻的迪迪内心很混乱：我究竟是他们描述的那样，还是我原本的那样？因为还小，迪迪无法准确地描绘出那一刻内心的感受，就只能以大哭来结束今天悲伤的经历了。

2．误区二：缺乏信心的孩子一定很“㞞”

一般来讲，人群中会有两类孩子让父母比较焦虑，一类是像迪迪这样，遇事怯怯的，活跃度较低的孩子；另一类是张牙舞爪、到处惹麻烦的孩子。我们通常认为像迪迪这样的孩子，属于内心力量弱、不够自信的类型，而那些到处惹麻烦的孩子则是精力旺盛、天不怕地不怕的类型。

面对迪迪这种类型的孩子，父母们往往会花很多精力，耐心地、慢慢地帮助他们获得力量，重新找回自信，因为我们知道这种类型的孩子敏感、胆小，他们需要一些更温和的管教方法。而面对到处惹麻烦的孩子，父母们采取的管教方式就简单粗暴多了：孩子肯定是太闲了才去找事，面对这样的情境，给孩子设置更严格的行为准则，实在不行，一顿训斥或惩罚才是最适合他们的。

用温和的方法帮助像迪迪一样的孩子拥有信心是大多数父母都在做的一件事情，但用同样的方法去面对一个惹麻烦的孩子，对很多父母来说，似乎不可思议。此时，我们有必要重温一下著名个体心理学家和家庭教育家阿尔弗雷德·阿德勒提出的教育原则：“孩子的每一个行为背后都有动机。”是的，没有天生的坏孩子，没有故意惹事儿的孩子，没有一个孩子自愿成为一名坏孩子。

每个不好的行为背后都有原因，每个原因也各不相同，但有一个原因却经常被忽视：孩子惹麻烦是因为缺乏自信。

我们把这种缺乏自信心的表现称为“隐形的自信心缺乏”。这一类孩子，表面上很厉害，有时会故意凶巴巴的，专门欺负弱小，似乎他们对针对自己的责罚也已经习以为常，不怎么在乎，表现得“脸皮很厚”。其实，在内心深处，他们是一群很缺乏信心的孩子。他们不相信自己可以成功，不相信自己会被人喜欢，为了掩饰自己内心的不确定，他们往往选择主动地去攻击身边的人或物品，故意惹出一些麻烦好让身边的人对他失望。他人的失望，对他们而言，是一个保护伞：我就是这样的孩子，不要对我有期望。因此，关于自信的第二个误区就是：缺乏信心的孩子一定很“㞞”。事实上，一些很“皮”的孩子同样缺乏自信。

牛牛5岁了，个子不高，但跑得特别快。幼儿园里的孩子都有点“怕”他，见到他过来，都会主动走开。

这天下午，到了幼儿园的茶点时间，今天的茶点是牛牛最喜欢的蛋挞。每个小朋友都排队依次拿到了一个蛋挞，包括牛牛。他三口两口就把自己手里的蛋挞吃完了，然后对坐在旁边的迪迪说：“把你的蛋挞给我！”

迪迪有点犹豫，她也喜欢吃蛋挞，但她又有点害怕牛牛。正在犹豫间，牛牛一下子就抢走了迪迪手里的蛋挞，迪迪难过得咬着嘴巴。

很快地，牛牛把迪迪的蛋挞也吃完了，他似乎还没有满足。又转身对洋洋说：“把你的蛋挞给我！”

洋洋说：“我不给，这是我的！”

牛牛一下就把蛋挞抢了过来，洋洋大声哭了。老师听到哭声走了过来。

得知事情的经过后，老师有点生气："牛牛，你知道我们教室的规则，蛋挞并不是只能吃一个，如果你吃完了还想要，可以过来跟我说，怎么能抢其他小朋友的呢？"

听着老师的指责，牛牛还在继续吃着蛋挞，把老师的脸都气红了。

工作结束后，牛牛的老师在思考："为什么牛牛今天会出现这样的行为？"虽然牛牛也时不时地和其他孩子发生冲突，但像这样明目张胆地"抢东西"还是头一次。老师感到很困惑，就和牛牛的妈妈约了一次家访。

在家访的过程中，老师了解到牛牛的父母工作特别忙，总是在深夜牛牛睡着后才能到家，照顾牛牛的工作主要是爷爷奶奶承担。爷爷奶奶身体不是很好，把牛牛从幼儿园接回家后，就让他在楼下和别的孩子一起玩。别的孩子都有家人陪着，遇到争执和冲突时，爸爸妈妈们也都会第一时间出来帮孩子解决，但牛牛总是一个人面对所有问题。后来即使在外面受了委屈，牛牛也不说，但变得越来越倔强，还学会了动手。特别是最近一段时间，他对物品有非常强的占有倾向，遇到喜欢的东西，不管是不是自己的，伸手就拿。

听完这些，老师一下子就明白了今天这件事情的原因：因为缺少父母的陪伴，牛牛认为自己没有价值，不值得被人爱。在和小伙伴相处的过程中，他逐渐习得了"只有我自己才能帮我自己得到想要的东西"的想法。从表面上看，他的调皮和粗鲁始于不信任家人，但深层的原因是他不信任自己，不相信自己通过语言表达就能实现自己的想法。这也是为什么他明明知道教室里的茶点可以多次拿取，只需要跟老师讲一下就行，却还是选择了从同伴的手中去抢夺。

帮助牛牛这样的“捣蛋王”重获自信的关键就是父母用心的照料和陪伴，让牛牛对自己有更清晰的自我认知，确信自己是被爱的。爱是唤醒孩子自信心的源泉，我们将在本书的第 3 章重点阐述这一观点。

3. 误区三：越自信，越成功

拥有自信心就好像拥有一种勇敢的力量，推动着孩子去探索未知，走向更宽广的世界，但问题是：自信心越强越好吗？在《品格的力量》一书中，国际象棋教练伊丽莎白·施皮格尔从她多年指导选手参加国际象棋比赛的经历中发现：自信心并非越强越好。有时候，适当的不那么自信，恰好是帮助选手在国际比赛中取得胜利的一个重要因素。因此，关于自信的第三个误区就是：自信心越强越好。

在带领队员参加象棋比赛时，施皮格尔发现，优秀的象棋选手在比赛前都会有适当的焦虑，尽管他们都是经验非常丰富的国家级选手。事实上，这些焦虑往往会带来不错的比赛成绩。而那些胸有成竹、信心满满的选手却总是在比赛中失利。

象棋比赛能够很好地解释这种现象。对于参赛的选手来说，每看到对手执出一枚棋子，他需要在大脑中快速推演出下一步棋的所有可能性。大脑推演这个过程需要时间，需要选手深思熟虑。优秀的象棋选手总能适度自信，下每一步棋都很认真，而过度自信的选手总认为自己有把控整个棋局的能力。结果显而易见，适度自信的选手赢得了比赛，而过分自信的选手往往失了棋局。因此，关于自信的第三个真相是：自信是一个有弹性的品质，在面对不同的任务类型时，它需要人们灵活地调整自信的强弱。

洋洋要去参加市电视台录制的新年晚会，在晚会上表演小提琴独奏，这对全家来说都是一件大事儿。

妈妈叮嘱洋洋每天认真练琴，洋洋说："没事儿的，这个曲子我都拉了半年了，闭着眼睛我也能给它拉好。"

节目录制的那一天，妈妈带着洋洋早早来到了录制现场。妈妈叮嘱洋洋不要紧张，就当在家里练琴就行，洋洋满不在乎："你不用说了，放心吧！"

按照节目单的顺序，轮到洋洋上台表演了，洋洋却怎么也找不到琴谱了。无奈只好空手上了舞台，没想到，刚拉了几下，就忘了后面的琴谱。

录制节目的工作人员说："别紧张，再试一次！"就这样反复从头来了好几次，洋洋也没能完整地拉完曲子。无奈，工作人员请另外一个表演舞蹈的小朋友代替了洋洋的节目。

回到家后，洋洋觉得非常丢人，躲在屋里不愿出门。

人的一生当中，拥有的机会是有限的，很多人却因为过度自信，痛失了这些机会。洋洋的经历实在是生活中一个很平常的小插曲，对她而言，从这次不愉快的经历中要学习的最重要的经验就是：不要盲目自信。就像洋洋一样，孩子还小，父母需要指导孩子明白的一个很重要的道理就是：自信很好，但不要自大，凡事过犹不及。

回顾本节

自信心老生常谈，但并非没有误解。本节主要阐述了关于自信心的三个误区。

误区一：他人的肯定和鼓励一定可以促进自信心。

误区二：缺乏信心的孩子一定很“扊”。

误区三：越自信，越成功。

1.3　向外看：孩子缺乏信心，是哪里出了问题

不管是像迪迪这样敏感、内向的孩子，还是像牛牛一样冲动、易怒的孩子，隐藏在他们行为背后的原因都是自信心的缺失。在本节，我们将重点讨论孩子的自信心是怎么没有的。

自信心不是一下子就能养成的，同样地，自信心也不会忽然就没有了。**孩子的自信心水平是在生活中通过日复一日的，和周围环境中的人、事、物相互作用，最终导致的一种结果。**如果不幸，孩子的自信心在这个互动的过程中缺失了，通常来说，主要是受到两大因素的影响：一个是人的影响，一个是事件的影响。

要弄清楚这个问题，就不得不提到美国心理学家尤里·布朗芬布伦纳提出的生态系统论。该理论的核心要点是：一个人最终成为的样子是周围复杂环境多重影响的结果。为了很好地阐释这一观点，布朗芬布伦纳将人类生存的系统划分为五个子系统，分别为：小系统、中系统、外环境系统、大系统、时序系统。正是这五个子系统之间相互作用，最后决定了孩子成为一个什么样的人。

其中，环境中的小系统是指孩子在成长过程中直接生活的环境，如家庭、幼儿园、居住的小区等；中系统是指这几个小环境之间的关系，如家庭与学校之间的关系、家人与小区居民之间的互动等；外环境系统是指那些孩子没有生活在其中，但对孩子的

发展产生影响的领域，例如父母的工作性质、亲戚朋友的影响等；大系统是指社会的道德、法律、主流价值观等。最后一个系统是时序系统，它不是一个具体的环境，而是指时间对一个人发展的影响。

现在，我们以布朗芬布伦纳提出的这个发展模型为依据，来讨论孩子的自信心可能会受到哪些因素的影响。

生态系统中的小系统。对孩子而言，由于家庭和学校是孩子最主要的生活场所，他们也成了影响孩子自信心形成的关键因素，后面我们将重点讨论。

生态系统中的中系统。它主要是指几个重要小系统之间的关系。很明显，如果几个小系统配合默契，教育的方法和目的都较为一致，那么通常孩子会成长为一个有力量的孩子。这就提醒我们尤其要重视家庭和学校之间的相互支持。

迪迪刚上幼儿园，连续几天都会把裤子尿湿。

虽然每次裤子尿湿，老师都及时发现并帮忙换了新的裤子，但连续几天带着湿裤子回家，还是让迪迪的家人很沮丧，尤其是迪迪的奶奶。

这天早上，奶奶在送迪迪入园时，找到了迪迪的老师，质问她迪迪尿湿裤子的原因。

老师解释说，她们会定时地提醒迪迪去上厕所，可是迪迪每次都拒绝了，但没过一会儿，迪迪就尿湿了裤子。奶奶坚持认为是老师没有关注到迪迪，对她的照顾不及时才导致尿湿裤子的情形重复发生，并以此为理由，在校门口与老师激烈辩论。

躲在奶奶身后的迪迪，此时看着两个成人激烈的争执以及越来越多围观的小朋友，头埋得更深了。更糟的是，从那天开始，迪迪尿湿裤子的情况也越来越严重。

迪迪在学校尿湿裤子的原因很多：孩子性格较为内向，不敢表达自己的如厕需求是导致尿裤子事件频发的主要原因；此外，老师也没有给予孩子充足的关爱，没有让孩子对老师和幼儿园产生安全和归属感。如果迪迪的家人在与老师沟通时，能客观陈述事件发生的原因，分析自己孩子的性格，并真诚地向老师提出请求，相信老师一定会听到家长和孩子的需求，更多地关注孩子，多给迪迪正向的评价，帮助迪迪建立信心，帮助她解决当下的困扰。反之，一味地责怪老师，表达不信任，不仅伤害了家园关系，更让迪迪感觉幼儿园是一个很可怕的地方，更加不敢表达自己的需求了。

生态系统中的外环境系统。孩子虽然没有直接生活在这个环境中，但它对孩子的发展仍有影响，例如父母的工作性质、亲戚朋友的影响等。这里比较好理解的就是父母的工作性质。当今社会，父母往往身兼多职，工作的性质和种类也各不相同。如果父母的工作时间较为合理，有固定的节假日，他们陪伴孩子、支持孩子的机会将会更多，这些陪伴、鼓励和支持都会化作孩子的内在力量，成为孩子自尊自信的支持条件。相反，如果父母非常忙碌，很少有时间陪伴孩子，那么孩子的内在发展可能会走上另外一条路，如上节提到的牛牛的故事。

生态系统中的大系统。当我们提到它时，往往觉得诸如道德、法律、价值观等离孩子很远，但事实上，不管是成人还是孩子，成长发展的每一个阶段都离不开这些因素的影响，孩子的自信心也一样受其影响。我们以价值观为例来说明。中国是礼仪之邦，懂礼、尊礼、守礼是中国几千年文化流传下来的核心价值观。幼儿期也是进行礼仪熏陶、树立正确行为规范的关键时期。因此，不管是父母还是老师，总是用这些准则来指引孩子的行为。可完成这样的要求，成为他人心目中的好孩子，对自信心缺失的孩子来说，却是一个很大的挑战。

今天是姥姥的生日，迪迪一家计划好要去姥姥家为姥姥祝寿。但自从昨晚迪迪知道这个计划之后，就非常抗拒，一晚上都在和妈妈商量自己能不能不去。

妈妈解释说："生日一年只有一次，而且姥姥很久没有看到迪迪了，很想你。如果你去，姥姥一定会很开心。"

最后为了不让妈妈和姥姥失望，迪迪不情愿地去了。

到了姥姥家，一进门，迪迪发现姥姥家里来了好多人，好多她不太认识的人，顿时想往妈妈的身后钻。迪迪的爸爸见状，将迪迪拉出来，带到众人面前，让迪迪和他们打招呼问好。迪迪支支吾吾了半天也没说出来，最后，姥姥笑着说："不说就算了！"这才帮迪迪解了围。

过了一会儿，表姐一家来了，刚一进门，表姐就热情地和每个人打着招呼。众人见状，不停地表扬表姐懂事有礼貌。

在角落假装玩玩具的迪迪听着这些表扬，觉得难过极了。

如果我们居住的社会并没有特别推崇礼仪至上，今天迪迪的这次不愉快经历就会避免了。更重要的是，她也不用在别人的评价中，感受到别人的期待和失望，这让原本自信心就一般的她，更加质疑自己了。因此，尽管道德、法律和价值观等大而宽泛，但它们确确实实会影响孩子对自我的认知，对自信心的建立也发挥着截然不同的作用，或增强或抑制。

生态系统中的时序系统。依照生态系统论，时间也是影响孩子自信心形成的一个关键因素。正如保罗·图赫在其《品格的力量》一书中所述："在儿童成长过程中，重要的不是在孩子出生后最初几年里向孩子们的大脑灌输了多少信息，而是在于能否帮他们形成一系列截然不同的有价值的品质，譬如专注力、自控力、好奇心、责任心、坚毅和自信心。"因此，培养一个自信的孩子，父母一定要从孩子幼时着手。

虽然五个子系统都在不同的层面上影响孩子自信心的建立，但对孩子来说，生态系统中的小环境系统对他们的影响最大，特别是父母、同学、老师和邻居等，我们将重点阐述这些人的影响。

1. 父母的养育方式如何影响孩子建构自信？

父母的过分严格浇灭了孩子的自信心。严格的父母在和孩子相处时会不断地提要求，似乎永远不满足于孩子当下的表现。殊不知，在这样不断施压和提高要求的过程中，孩子的自信心也被压没了。

牛牛最近迷上了架子鼓，想让妈妈带他报名架子鼓培训班。妈妈反复思量后，答应了牛牛的请求，带他报名了架子鼓培训班。

从那天开始，妈妈每天陪着牛牛去上课，回家之后，就紧盯着牛牛练习。有时候，牛牛在课堂上已经完成得很好了，可回到家还要练习妈妈额外布置的拔高作业。

一项原本的兴趣现在变成了负担，而且妈妈越严格，牛牛越容易出错。现在只要妈妈一在场，牛牛就紧张，再也完不成一首完整的曲子了。

牛牛感觉自己再也找不回对架子鼓的热爱了，他的表现离妈妈的要求越来越远，他开始觉得自己没有敲架子鼓的天赋。

孩子就是孩子，他们需要时间去成长。对于牛牛而言，他也只是刚开始学习架子鼓，需要经过时间的积累才能取得成绩，但妈妈却一心求快，在给孩子不断施压的过程中扼杀了孩子的兴趣。原本这样的兴趣可以在父母的支持下，变成孩子的特长，增强孩子的自信心，遗憾的是，妈妈的加入，让孩子最后非常怀疑自己，反倒降低了孩子的自信心，得不偿失。

父母的完美心态是阻挡孩子通往自信的绊脚石。追求完美的父母和严厉的父母很像，他们往往也会对孩子的表现表示不满。但两种父母的行为动机却不一样：严格的父母是对孩子不满意，但追求完美的父母实际是自己无法接受不完美。当孩子的表现没有达到父母的预期时，一个追求完美的父母，不容易接受这样的事实，也很难真诚地去鼓励和接纳孩子。

迪迪今天在幼儿园里学习了书写，这是迪迪第一次正式书写。为此，爸爸准备大展身手，并下决心要指导迪迪以后写出一手漂亮的好字。

这天刚放学，爸爸就把迪迪拉到书桌前，开始指导，反复讲了很多次书写要点。迪迪在田字格里写了一个字，转身看爸爸。爸爸说:“左边有点歪，擦掉再试一次吧！”迪迪就擦掉重新写。又写了一个，爸爸说:“比刚才那个好多了，但最后的这一笔写得不太好。”迪迪又擦掉重新写。就这样反复擦掉了很多次，作业纸都快要擦破了，最后爸爸说:“要不就这样吧。”

迪迪抬头一看，发现属于自己看动画片的时间快要错过了，但后面还有那么多田字格要书写，急得哭了出来。

孩子刚开始学习新技能，需要父母在一边提供必要的帮助，但不能像迪迪的爸爸一样，力求孩子的表现达到自己的期待。迪迪的爸爸认为字写得好很重要，就以自己心中完美的标准来要求迪迪。在每一次迪迪需要爸爸鼓励时，爸爸都表示出了不满意。直到最后，爸爸的那句“要不就这样吧！”让迪迪觉得自己只能做到这个程度，自己的努力一点也没有被看到。

父母的冷漠和负面评价，让孩子越来越怀疑自己。当孩子辛苦完成一项任务时，他们很需要得到来自父母的反馈和鼓励，但如果孩子得到的是冷漠的回应和忽视时，孩子的信心很快会被磨灭。需要注意的是，很多忽视和否定其实都是隐藏的，父母的语气、表情和动作里藏着大学问。

豆豆的爸爸非常擅长搭建积木，也喜欢带着豆豆一起拼乐高模型，就这样，在爸爸的影响下，豆豆也迷上了建构类的活动。遗憾的是，爸爸在外地上班，很久才能回来一次。

今天是星期天，豆豆用了很长时间搭出了一个汽车模型。他兴奋地跑过去向妈妈展示："妈妈，你看！我拼的小汽车！"妈妈正在电脑前忙着工作，似乎没有听到豆豆的话。

于是，豆豆加大音量，又对妈妈说了一遍。这回妈妈听到了，抬起头看了一眼，说："你见过只有三个轮子的汽车吗？那个轮子难道被你吃了？"说完，接着埋头工作。

豆豆一听，眼泪在眼眶里打转。他默默地把积木拆下来，装回盒子里，直到爸爸回来前，他再也没有把积木拿出来。

豆豆妈妈的话让豆豆的成就感瞬间化为乌有。豆豆不明白为什么自己付出辛苦换来的是妈妈的冷漠和嘲讽。对于一个敏感的孩子来说，他不仅会从心里认为自己做得确实很差，甚至会产生内疚感，认为是因为自己不够好才会惹妈妈生气。接下来，孩子为了得到妈妈的肯定或者说尽量不被妈妈否定，他往往会选择不再挑战新事物，以避免失败带来的负面情绪体验。因此，对冷漠和忽视型家庭来说，孩子自信心问题的根源在于孩子缺乏对爱的感受，没有安全感的孩子是无法获得力量和信心的。我们将在本书的第 3 章重点讨论该问题。

2. 孩子的自信心水平也受“重要他人”的影响

除了父母，孩子的生活里还有一些人对他们自信心的养成有很大影响，如同学和老师等，我们把他们称作孩子生活里的“重要他人”。

老师的肯定和鼓励能极大增强孩子的自信心。从走进幼儿园开始，孩子对自己的认识逐渐脱离了来自父母的单一信息。他们开始在意其他人，尤其是他们信任的人如何看待他们。对于幼儿来说，老师是他们生活当中一个很重要的人。当老师用乖巧、聪明、守规则等类似的语言来评价他时，他会认为自己是一个好孩子，行为处事都想要变成老师描述的那个样子。而一旦老师对孩子的行为有一些负面的评价时，孩子也会很快听进去，并形成对自己的看法。

儿童绘本故事《点》很好地讲述了一位好老师对孩子人生的重大意义。它用生动的语言讲述了一位美术老师是怎么真诚地鼓励和支持一个资质平庸的孩子，使其收获信心，不断练习，最终成为一名画家的故事。

美术课结束了，瓦士缇还是一动不动地坐在椅子上。她的图画纸上什么都没有。

老师弯下腰看了看那张白纸。“啊！暴风雪中的一只北极熊。”她说。

“真可笑！”瓦士缇说，“我就是不会画画！”

老师笑了：“那就随便画一笔，看看能画出什么。”

瓦士缇抓起一支笔，在纸上狠狠地戳了一下。“完了！”

老师拿起图画纸，仔细地研究起来。“嗯——”她把图画纸推到瓦士缇面前，轻声说：“现在，请签名。”

瓦士缇想了一会儿。“好吧，也许我不会画画，但是我会签名。”

一周以后，当瓦士缇走进美术教室的时候，她惊讶地发现老师的办公室上方挂着一样东西。

那是个小小的点——她画的那个点！还用波浪形的金色画框装了起来！

“哼！我还能画出比这更好的点！”瓦士缇打开她从没用过的水彩颜料，说干就干。

她涂啊涂……

几个星期后，在学校举办的画展上，瓦士缇的点引起了巨大的轰动。

瓦士缇是一个幸运的孩子，童年时期有幸遇到一位好老师，改变了对自己的固有印象，重拾了信心，迈向了一条阳光自信的道路。事实上，幼儿时期的孩子对老师有着天然的崇拜和信任感。对于父母而言，在这个阶段最重要的工作就是帮助孩子找到一名好老师（好学校），与老师合作，成为养育孩子的合伙人，共同支持孩子成为有力量的人。

同伴的接纳和喜欢让孩子感觉自己能力十足。同伴关系和孩子的自信心发展息息相关，一个善于交朋友、能和其他人友好相处的孩子往往会表现出更强的自信心。在和同伴互动时，自信的孩子能主动地表达自己的想法。在共同游戏时，自信的孩子可以主动引领游戏的发展，让游戏变得更加有趣。在共创游戏规则时，自信的孩子的想法容易被同伴接纳，这样他会觉得自己是一个有价值的人，自信心也会更强。

3. 警惕那些可怕的不能胜任感

孩子的自信心除了受到上述人群对自己的看法和评价的影响，还容易受到生活中具体事件的影响。每个人的人生都会经历各种困难和挫折，但在养育孩子时，我们一定要警惕，少让孩子体验无力感。

不要掉进“挫折教育”的陷阱。现如今有一种很新潮的育儿观点，大致是说现在的孩子太幸福了，从小没有经受一点苦难，没有受苦的经历，因此长大后容易好吃懒做、大手大脚、不懂感恩。为了让孩子从小补上这一课，不少父母开始研究怎么在家进行挫折教育，甚至不惜在寒暑假送孩子到专门的训练营练习吃苦耐劳。但问题是，这种说法是事实吗？站得住脚吗？

“挫折”不是由父母来定义的，很多时候，在父母看起来不值一提的事情，对孩子而言却是一个个真实的难题。每个时代的孩子都有他们要面临的人生课题。对于这一代的孩子来说，他们确实不用体验物质上的匮乏，经历贫穷带给他们的考验，但他们的生活中面临的挫折一点不少：过高的期待、过强的竞争、越来越少的玩伴、越来越多的作业、越来越孤独的童年。仔细看孩子的生活，他们面临的挫败和无助较之以往越来越强了：互联网让世界触手可及，以前他们最多和邻居家孩子比较、和同班同学比较，现在和他们站在一起论输赢的是全世界的孩子。因此，明智的父母会懂得如何给孩子减负，让他们轻松应对生活，而不会给孩子的生活专门创造挫折，给孩子的生活添堵。

不要给自己的孩子“故意挖坑”。为了让孩子有机会体验失败，还有的父母会故意给孩子挖坑，会刻意制造困难，让孩子去尝试高于孩子承受能力的事情。当孩子难过的时候，对他们的情绪不屑一顾，甚至认为这是一种懦弱的表现，教育孩子从小要坚强面对一切，并美其名曰“现在我不教训他，以后就等着别人来教训他”。

网络上曾有一个很火的视频，内容大概是：

一个小女孩和妈妈出去逛街，遇到一个在路边发气球的阿姨。孩子很想要一个气球，想让妈妈帮忙找阿姨说一声。但妈妈拒绝了，并表示：想要气球是你自己的事情，如果你想要，就自己去跟阿姨说。

然后这位妈妈和孩子在路边大声地演练起了怎么和阿姨沟通。孩子练习得很认真，终于，孩子认为自己有勇气上前要气球了。

妈妈却表示：我来当阿姨，咱俩先演示一遍！小女孩答应了，满心欢喜地用刚才学到的话术去向“阿姨”请求要一个气球，却没想到“阿姨”冷漠地一口拒绝了。

小女孩一下子懵了，她努力建立起来的勇气，好像撞上了一块坚硬的大石头，被一下子挡回来了。

在孩子的世界里，拥有一个气球就能开心好久，但就是这么一件简单的事情，当被妈妈冠上了教育的目的后，一切都变味了。妈妈想要鼓励小女孩自己表达需求的初衷没有错，但我们无法理解的是为什么在孩子已经鼓起勇气迈出那一步时，妈妈要选择故意拒绝？是真的没有看到孩子的努力和付出吗，还是就想让她体验被拒绝的滋味？即使成长的路上一定会遇到被拒绝的时刻，但被亲人故意拒绝不是一件更加残酷的事情吗？试想一下，下一次当孩子重拾信心去完成这件事情时，他需要付出比以往多多少的勇气？

给孩子提供"最近发展区"里的挑战。"最近发展区"是苏联认知心理学家利维·维果茨基提出的一个概念，他认为有效的学习只能发生在最近发展区内，太简单的问题或者太难的问题都会损害孩子学习的主动性。依据这个理论，我们在给孩子提供相应的学习任务时，一定要认真地观察了解孩子，看他当下的水平在哪里，我们可以进一步提供哪些支持和活动，让他的能力不知不觉地得到提升。切忌给孩子提供远超他能力的活动，而是让他稍微踮踮脚，努力一下就能够到。这样的练习和活动，让孩子不至于非常轻松，丧失兴趣，也保证了他能体验到成就感和胜任感，增强自信心。

不要推开一个需要帮助的孩子。多数情况下，父母和孩子之间在面临问题时最主要的分歧就是，大人觉得这是一件很简单的事情，但到了孩子那里，事情就会变成像一座大山一样难以逾越。这种父母眼中的不值一提和孩子眼中的登天之难，形成了巨大的矛盾。如果父母转换身份，设身处地地去理解孩子，很多错误的做法便会由此避免。

孩子从来不是缩小版的成人，问题是否复杂，只有当事人有资格做出判断。因此，当孩子真诚地向成人求助时，一定不要轻易拒绝他。很多时候，我们会以"这么简单都不会，你就是懒，不想自己动脑子，你怎么这么黏人"等为理由拒绝给孩子提供帮助，有时候也会打着培养孩子独立性的旗号，眼看着孩子陷入困境而不出手帮忙。殊不知，每一次这样让孩子陷入孤立无援的无助状态都会加深他的不能胜任感，让他开始怀疑自己的能力，慢慢地失去信心。

瑞瑞是一个不太活跃的小男孩儿，平时喜欢比较安静的游戏，虽然别的妈妈总是夸瑞瑞安静好带，但瑞瑞妈妈却认为他缺少了男孩子的活泼好动，甚至是调皮。为此，瑞瑞妈妈总是鼓励他去参与一些激烈的活动。这些天，瑞瑞妈妈看到幼儿园里很多小朋友都去学习跆拳道了，就想让瑞瑞也去试一下。

星期天，妈妈带瑞瑞来到了跆拳道馆参加体验课，只是在教室门口看到小朋友们踢腿下腰的动作，就让瑞瑞担心不已。

体验课要开始了，瑞瑞握紧了拳头，他非常紧张，最后鼓起勇气跟妈妈说："妈妈，你能不能在教室里陪着我？"妈妈环顾四周，看了看教室里比瑞瑞年龄还小的孩子，就脱口而出："你看，别人都是自己在这里上课的，你都这么大了，不能总让妈妈陪着。"说完就离开了教室。

整整一节课，瑞瑞的身体都是僵硬的。他的精神高度集中，生怕旁边的小朋友会伤害到他，完全没有心情去体验运动带来的放松和喜悦。体验课结束，瑞瑞说他下次再也不要来上跆拳道课了。妈妈叹了口气说："真不知道这孩子的胆子怎么会这么小！"

像瑞瑞这样性格内向的孩子往往都很敏感，他们的内心非常丰富。当进入一个陌生环境时，我们看到的是跆拳道课上大家都在学习动作要领，但在瑞瑞的脑海里可能已经上演了一场打斗大戏，自己往往还是那个不小心被误伤的人。对于这样的孩子，父母一定要接纳、理解他的恐惧和不安。当他表示出需要帮助时，不要着急推开他。孩子不会一直都需要父母陪着上课的，这个时候，一定不要为了顾及成人的面子而去拒绝孩子。实际上，只要一开始让他们有了好的情绪体验，孩子往往就会相信自己有能力独立完成这件事情，能力感和价值感也都会增强。

回顾本节

孩子的发展是其与周围环境不断互动产生的结果，自信心也不例外，它的形成受多重因素的影响。

1. 理论框架：生态系统论。本节详细论述了不同因素在塑造孩子性格时所发挥的作用，如家庭、学校、社区、社会环境以及社会价值观等。

2. 父母是孩子生态系统中最重要的因素，其养育方式的差异塑造了不同的孩子。

3. 孩子与老师和同伴之间的关系也会影响孩子的自信心。作为幼儿期的父母，一定要与这些“重要他人”形成共同合伙人的关系，多方合力，才能最终塑造出一个自信的孩子。

4. 除了人的影响之外，发生在孩子生命里的事件也会影响孩子自信心的养成。在这些事件中，一定要警惕，少让孩子体验不能胜任的感觉。

1.4　向内看：孩子自信心不足，都是“养坏”的？

如果把孩子看作一栋房子，那么遗传信息就是房子的结构。有的孩子是别墅，有的是平层，还有的孩子是小公寓。不管房子的结构如何，父母的养育都只能遵循这些原始的结构，好的养育可以让原本的结构变得更加牢固，让每个房间变得更加温馨，却不能把一个小公寓改造成大别墅。

从这个意义上来说，孩子最终成长为什么样子，与父母后天的养育相关，但也不能忽视先天的一些遗传特征。培养孩子的自信心也是同样的道理。孩子的自信心水平如何，既和父母及他人的影响有关，也与自身的遗传特质息息相关。

1．孩子生来自带“出厂设置”，读懂气质类型很重要

孩子天生不一样，家有二胎的父母应该都会注意到这么一个事实：尽管父母都一样，但世上没有两个脾气秉性完全相同的孩子。有的孩子喜静、有的孩子爱动，有的开朗、有的内敛，即使是外表近乎一模一样的同卵双胞胎，他们的性格也各有不同。对此，心理学家将这种先天的性格特质用“气质类型”这一概念来表示。

气质（temperament）是指孩子与生俱来的，能够观察到的

人与人之间相对稳定的个体差异。气质主要体现生物性，受遗传的影响很大。为了将人类的气质类型做一个大致的分类，美国心理学家、精神病学家A·托马斯和儿童心理学家S·切斯提出了关于气质的几个维度，提醒家长从九个维度观察孩子的不同行为表现。

（1）动作上或活动上的水平。

（2）生活规律节奏的程度。

（3）对新的人、新的环境怎样反应？是接纳，回避，还是退缩？

（4）当环境改变时，孩子的行为是否具有适应性？

（5）对一个刺激的敏感度及最低阈值。

（6）情感的激烈程度。

（7）整体情绪是高兴，还是易怒？

（8）做事时容易被分散注意力吗？

（9）注意力的广度和做事的坚持程度。

他们通过对这九个维度的观察，把相对稳定的特征归类，总结归纳出了三种类型的气质：易养型儿童、困难型儿童和慢热儿童。

需要注意的是：我们了解气质的定义、分类，并不是为了去定义孩子，去把孩子归类，而是为了真正地从根源上了解孩子。气质没有绝对的好坏之分，人类进化保留的每一种性格特征都是自然界认为其存在是必要且有用的。敏感内向的孩子长大后的生活未必会差，开朗乐观的孩子也不是说就一定能拥有一帆风顺的人生。

我们讲气质类型的概念，主要目的是让父母多懂孩子一些，同时不要苛求自己和孩子，在接纳和尊重的前提下，帮助每一种类型的孩子收获更好的人生。在培养孩子自信心时，如果孩子天生比较谨慎，缺少探索和尝试的勇气，也请父母看到孩子身上的这些“出厂设置”，对他们多一些耐心和鼓励。因为对这样的孩子而言，他们迈出的每一小步，都要付出比别人更多的勇气和努力。接纳孩子原本的样子，在这些前提下，帮助孩子走向更好。这也正是我们做父母的意义所在，在能做的范围内做到最好，但不强求孩子成为我们心中理想的样子。

2．胆小、敏感、黏人的孩子，长大后一定不自信吗？

按照气质类型的研究结果，人群中大概有 35% 的宝宝属于“困难型”的孩子，也就是所谓的高需求的孩子。这类孩子先天活跃度低，对周围环境的变化较为敏感，沉默内向、不善表达，在适应新环境时会遇到更多挑战。在自信心方面，这类孩子普遍显得不是很主动。

虽说气质是天生的，但这并不意味着后天的教养就一点作用都没有了，相反，孩子的气质类型可以在后天的学习中得以改善。一个内向、胆小、怯怯的孩子完全有机会成长为一个开朗、自信和乐观的孩子。但忽略孩子的先天特质，一味拿着别人的标准来要求自己的孩子，结果往往会走向另一个极端。当然了，想让一个高需求的孩子变得积极自信，一定离不开父母的耐心教养，它需要父母持续做好以下几点：

首先，父母应当给予孩子稳定、可靠的照料。稳定可靠的照料，意味着父母的情绪是平和稳定的，他给孩子提供的照料不会因为自己今天的心情好或不好而有所不同。尽管父母都已成年，但这并不意味着他们的情绪管理能力就是成熟的。很多父母在情绪方面也是一个没有长大的孩子：当他们心情愉悦时，孩子在他们心中是那么乖巧可爱，甚至孩子的一些调皮的行为在他们眼里也没那么严重。可一旦有些事情让他们陷入了负面情绪里，他们很快会把这些不好的体验转嫁到孩子身上，对孩子的行为吹毛求疵。这样不稳定的照料关系，让孩子处于极大的困惑和怀疑之中，他们不明白为什么自己的同一个行为，有时候是可以的，但有时候又是被禁止的。这种不确定性和动荡的关系，让孩子对生活的环境充满不确定性和不安的感觉，由于无法预判自己的行为可能带来的结果，孩子往往会选择退缩，也越来越胆小，不敢表达。

其次，父母给孩子的照料还需要是敏锐、及时的。父母对孩子的需求还应当是敏感的，他们能很快捕捉到孩子是否需要帮助、哪里需要帮助、怎样提供合适的帮助。特别是对于年龄较小的未满 6 岁的孩子，有时候他们无法用准确的语言描述自己当下遇到的麻烦，只能通过大哭、发脾气来表达，这就更需要父母去了解这些行为背后的原因，然后及时提供相应的帮助。孩子成长的路上，父母要尽可能地减少让孩子情绪崩溃的机会，这样的负面情绪和无力感会吞噬掉孩子的信心。

最后，父母的真心接纳会让孩子开出自信的花朵。在帮助孩子建立自信心时，父母首先要有信心，相信自己做的一些正确的选择一定能让孩子变得越来越好，同时，也要清醒地记得我们养育孩子的目的是让他有机会体验自己的人生，而不是塑造一个我们理想中的样子。爱是如他所是，而非如我所愿，这是成为父母要学习的第一门功课。孩子最终成为什么样，真的不是父母可以说了算的。

还记得一开头我们说的每个孩子都是一座结构不同的房子吗？我们只能帮助这座房子变得更好，却不可能改变房子的结构。但父母日常生活中的一言一行都在雕刻着这座房子最终的模样，如果雕刻的方式是温和的、接纳的、尊重的，房子的根基就会向下扎得越来越牢固，孩子的力量感会越来越强、自信心会越来越充足。

做孩子生活和学习的支持者，给他们注入前进的力量。有很多潜在的担忧、遇到新情境不敢去尝试是敏感内向的孩子经常会出现的情况。在培养孩子自信心这个问题上，敏感内向的孩子的父母要比其他孩子的父母付出更多的努力。我们了解孩子的气质之后，不是让大家自怨自艾：我的孩子就这样了。而是在认清这些情况之后，真心接纳孩子就是这样的孩子，然后在此基础上，尽力做好父母可以做的，比如耐心的鼓励、真诚的肯定、和孩子分享成功的喜悦、总结失利的原因、做他学习和生活的支持者、成为他挑战自我的后盾。

婷婷上小学了，最近妈妈发现她眼睛有近视的倾向，就打算带她去做一些恢复视力的训练。从妈妈提出去做视力训练开始，婷婷就情绪激烈，一直拒绝。妈妈拥抱了婷婷，她在妈妈怀里哭了很久，终于平静了下来。

妈妈问她：“你为什么不想去参加视力训练？能告诉我你的担忧吗？”

婷婷没有回答。

妈妈继续跟她沟通：“你是担心训练的仪器会让你不舒服吗？其实我也不知道那个仪器是什么样，这样，我们先去试一下，如果真的让你觉得不舒服了，我们再问问医生看看还有没有别的办法？”

婷婷问：“妈妈，视力训练的时候你会陪着我吗？”

妈妈说：“你如果需要我陪着你，我会跟医生请求一下，行不行？”

婷婷回答道：“其实我觉得我自己一个人也可以。我先试一下吧！”

妈妈说：“我也觉得你一个人可以。你最近去上舞蹈课，也都不用我陪着了呢！我们先去试试，你需要我陪的话再跟我说，我一直都在！”

就这样，婷婷和妈妈一起去了视力训练中心，果然，婷婷自己去参加了练习。下课后，婷婷一路上不停地和妈妈分享着课堂上她都做了哪些动作、她的感受，等等。她们开开心心地回家了。

像婷婷这样情感需求比较大的孩子往往会很黏人，他们比同龄的孩子需要更多的陪伴和鼓励。很多父母，面对孩子的黏人会很崩溃，总担心他们长大了怎么办。但事实上，孩子之所以黏人，是因为他对当下的情境不是很确定，他需要这个新环境里有一些自己可以把握和掌控的因素，而父母就是那个最可靠的因素。只要孩子知道，当他面对不确定的时候，父母可以一直站在他的身后，这份安全感和踏实感很快会压倒那些不确定的感觉。孩子也就不再需要你时时刻刻地陪着他了。因此，独立是孩子在感觉到足够安全了之后自然发展出的能力，而不是靠父母硬生生的拒绝和强推逼迫出来的。

3．活泼、好动的孩子，父母就不用操心他们的信心问题了吗？

有些孩子看上去能量满满，每天乐呵呵的，喜欢和周围的人打交道，面对这一类孩子，我们似乎很难把阳光、乐观的他们和自卑连在一起。但奥地利个体心理学之父阿尔弗雷德·阿德勒在《超越自卑》一书中提到：自卑感的表现形式多种多样。他在书中讲了一个故事：

有三个小孩都是第一次去动物园玩。

当他们站在狮子笼前面时，一个小孩躲在妈妈身后说："我想回家。"

第二个小孩脸色发白，腿脚颤抖地站在原地说："我一点儿都不怕。"

第三个小孩恶狠狠地瞪着狮子，问妈妈："我能向它吐口水吗？"

孩子的自卑并不仅限于内向、敏感，也有可能会表现成过分追求表扬、心气高、爱攀比、爱面子、自负，等等，这些孩子外表大大咧咧，活泼好动，其实内心脆弱无助，因此，即使是一个看起来很阳光善谈的孩子，也可能面临信心问题。

事实上，自卑感是孩子的共性。哪怕看起来再有信心的孩子，其实内心深处，都有那个自卑的角落。自卑感是儿童到青少年时期普遍存在的一种心理情感。因为在独立之前，孩子必须依附父母和周边的世界，所以不可避免地会产生自卑感。而克服自卑感的意愿和欲望其实也为孩子的进步提供了动力。正因为感到自卑，孩子才有动力去完成超越，而获得的成就又会让他们更愿意去和别人比较，从而产生新的自卑感。适度的自卑有利于成长，但是过度的自卑就会引发孩子的一系列自我怀疑和否定倾向，从而放弃努力，缺少前进的动力。

因此，作为父母，无论孩子是哪种性格类型，我们都需要重视对孩子自信心的培养，需要根据孩子的发展表现，采取适当的方法来调整孩子的自卑水平：如果孩子在成长的过程中因为不断获得成就，自卑感较低，就会在人生的某个阶段出现自大和放弃努力的状态。这个时候父母不妨给孩子的生活增加一些小挑战，例如给他们设置一些他们需要努力才能达成的目标或给他们营造出一种竞争的氛围，让他们感受到适度的压力，这样一来，他们就会有更强的动力前进。而对于那些自卑感较强的孩子，在他们自卑的领域（不是所有方面），请不要吝啬你的鼓励。可能他们只是试着迈出了一步，哪怕做得再不好，我们都要给他们一些发自内心的夸奖，久而久之，他们就会恢复正常的自卑水平。

回顾本节

孩子的自信心水平如何，既和父母及他人的影响有关，同时也与自身的遗传特质息息相关。

---

❶ 孩子天生不一样，按照不同类型的气质，孩子大致可以分为三类：易养型儿童、困难型儿童和慢热儿童。父母需要在了解孩子先天“出厂设置”的前提下，有针对性地培养孩子的自信心。

---

❷ 一个内向、胆小、怯怯的孩子完全有机会成长为一个开朗、自信和乐观的孩子。它需要父母持续地做好以下几点：首先，给予孩子稳定、可靠的照料；其次，父母给孩子的照料还需要是敏锐、及时的；最后，父母的真心接纳会让孩子开出自信的花朵。

---

❸ 即使是一个看起来很阳光善谈的孩子，也可能面临信心问题。因此，作为父母，无论孩子是哪种性格类型，我们都需要重视对孩子自信心的培养，需要根据孩子的发展表现，采取适当的方法来调整孩子的自卑水平。

小测试 判断孩子是否有缺乏自信的倾向

自信才能乐观，乐观才有自信，你自信吗？下面的测试将使你更好地了解自己的自信心。请你用“√”“×”回答下列问题。

1. 一旦你下了决心，即使没有人赞同，你仍然会坚持做到底吗？（　　）

2. 上自习课时，即使很想上厕所，你也会忍着直到下课吗？（　　）

3. 如果想买学习用品，你会尽量要父母买，而不亲自到店里去吗？（　　）

4. 你认为你是个很好的学生吗？（　　）

5. 如果老师体罚你，你会报告校长吗？（　　）

6. 你常欣赏自己的照片吗？（　　）

7. 老师批评你，你会觉得难过吗？（　　）

8. 你很少对妈妈说出你在学校的真实情况吗？（　　）

9. 对老师的赞美，你持怀疑的态度吗？（　　）

10. 你总是觉得自己比别人差吗？（　　）

11. 你对自己的长相满意吗？（　　）

12. 你认为自己的能力比同学强吗？（　　）

13. 在校会上，只有你一个人没有穿校服，你会感觉不自在吗？（　　）

14. 你是个守纪律的学生吗？（　　）

15. 你认为自己很聪明吗？（　　）

16. 你有幽默感吗？（　　）

17．一门新课程开始了，你觉得有信心学好吗？（　　）

18．你懂得搭配衣服吗？（　　）

19．危急时，你很冷静吗？（　　）

20．你与同学相处非常友好吗？（　　）

21．你认为自己未来是个寻常人吗？（　　）

22．你经常希望自己长得像某某明星吗？（　　）

23．你经常羡慕别人的成绩吗？（　　）

24．你为了不使他人难过，而放弃自己喜欢的东西吗？（　　）

25．你会为了讨好老师而说假话吗？（　　）

26．你会勉强自己做许多不愿意做的事吗？（　　）

27．你在家里任由父母支配你的生活吗？（　　）

28．你认为你的优点比缺点多吗？（　　）

29．即使在不是你的错的情况下，你经常跟人说对不起吗？（　　）

30．如果在无意的情况下伤了别人的心，你会难过吗？（　　）

31．你希望自己具备更多的才能和天赋吗？（　　）

32．你经常听取别人的意见吗？（　　）

33．在校门外，你经常等别人先跟你打招呼吗？（　　）

34．你每天照镜子超过三次吗？（　　）

35．你的个性很强吗？（　　）

36．你是个乖孩子吗？（　　）

37．你的记性很好吗？（　　）

38．你对异性有吸引力吗？（　　）

39．你懂得按计划用钱吗？（　　）

40．穿一件新衣服，你会问别人是否好看吗？（　　）

记分与解释：把答案与表 1-1 比较，计算你的总分，得分越高，自信心水平越高。

表 1-1　计分规则

题号	√	×	题号	√	×	题号	√	×	题号	√	×
1	1	0	11	1	0	21	0	1	31	0	1
2	0	1	12	1	0	22	0	1	32	0	1
3	0	1	13	0	1	23	0	1	33	0	1
4	1	0	14	1	0	24	0	1	34	1	0
5	1	0	15	1	0	25	0	1	35	1	0
6	1	0	16	1	0	26	0	1	36	1	0
7	0	1	17	1	0	27	0	1	37	1	0
8	0	1	18	1	0	28	1	0	38	1	0
9	0	1	19	1	0	29	0	1	39	1	0
10	0	1	20	1	0	30	0	1	40	0	1

（以上测试来自“十五”规划国家级立项课题之子课题“中学生自信教育的策略研究”）

第2章

帮孩子认识自我，从自尊走向自信

“不幸的是，孩子们会把这些话当真，特别是小孩子，他们依靠父母来告诉他们自己是什么样的人，能成为什么样的人。对孩子来说，培养对自己的信心需要听到或者无意中听到他们对自己的积极评价。”

——海姆·吉诺特

2.1　积极的自我概念：让孩子了解“我是谁”

一个人对自我的认识始于出生，但要形成关于自我的概念却是一件终生的事情。在和周围人的互动中，不同年龄的人对自己有不同的认识。这些来自外界的不同声音相互叠加，最终塑造出了不同性格的孩子：有的孩子在外界的积极反馈中，越来越趋向于乐观自信，有的孩子则在外界的负面反馈中逐渐凋零。孩子在成长的过程中，会听取和吸收到不同的来自外界的声音，在这些声音中，来自父母的看法和态度最为重要。

接下来，我们来看从出生到 12 岁孩子自我概念的发展过程。了解这个过程对父母来说至关重要，因为它告诉父母，在帮助孩子建构自信时，在每个不同的阶段，自己可以做些什么或避免做些什么。

1．0～3 岁：把握感官发展敏感期，鼓励孩子探索

迪迪躺在床上，现在的她刚刚满月。

此刻，妈妈正趴在床上，给迪迪看一些卡片，并轻声地向她解释着卡片上的内容，迪迪的眼珠随着卡片位置的移动也在来回转动，时不时地还会发出“嗯嗯啊啊”的声音。

这个过程持续了几分钟后，奶奶轻声进入房间，询问妈妈，迪迪需不需要换尿布，尽管奶奶的声音很小，但迪迪还是捕捉到了，并把目光转向奶奶。

当奶奶的手接触到迪迪的身体，并轻柔地抚摸时，迪迪满意地发出了“嗯嗯啊啊”的声音。

正如上文中的迪迪，孩子从一出生就能意识到自己和世界是分离的：她知道自己是被抱着的还是独自躺着的，也知道自己身体发出的声音（嗯嗯啊啊、啼哭）和妈妈提供的音乐不同；她能分辨出家人的特殊气味，对陌生人会感到紧张和不安。

以前的观点认为，孩子刚出生时大脑是混沌的状态，无法将自己与外部的世界区分开。但随着婴幼儿大脑神经科学的发展，科学家发现即使是刚出生的孩子也能意识到自己是独立存在的。也就是说，孩子对自己的认识从出生就开始了。

那么，在 18 个月以前，父母可以做些什么来促进孩子自我觉知的发展呢？

首先，父母应该多为小婴儿提供丰富的材料，促进孩子感知觉器官（感官）的发展（见表 2-1）。

婴儿期的五大感官如果都能得到很好的开发，孩子的联合知觉能力就能发展得很好，孩子的身体就能成为一个高效的信息接收器，不仅对自我有了更好的觉知力，对以后的知识学习也很有帮助。

表 2-1　感官领域与父母可提供的材料

感官领域	父母可提供的材料	重点
视觉练习	图卡、图书、色彩区分度明显的玩具（主要是红、黄、蓝三原色）	最好的视觉材料是带孩子去看真实的世界和深入大自然
听觉练习	音乐、有节奏感的童谣、古诗等	最好的听觉材料是父母的声音：父母用温柔的声音向婴儿介绍身边的物品和发生的故事
触觉练习	大小、长短、质地（光滑和粗糙、轻和重、凉和热）不一样的玩具	最好的触觉练习是父母充满爱意的拥抱、亲吻和抚摸
嗅觉练习	清新的室内空气、食物的气味、适合孩子的护肤品等	最好的嗅觉材料是大自然，父母可以多带孩子深入大自然
味觉练习	各式辅食	最好的味觉材料是厨房的味道，父母可以给孩子提供多样的食物体验

其次，父母应给予婴儿期的孩子稳定、及时、敏感的照料。0～18 个月的孩子总爱哭，这其实是他们与外界交流的方式。敏感的父母，总是能很快解读出孩子的不同哭声，并给予孩子稳定的照料。这样建立起来的亲子关系，让孩子觉得自己是有价值的，是无所不能的，他们似乎拥有指挥世界、改变世界的能力。这样的信念使孩子相信他们可以生存在这个世界上，也是孩子自信心的初生之源。

迪迪最近刚刚学会了站立，她喜欢扶着家里任何合适高度的东西站起来，并倚着这些东西慢慢往前走。

现在她正在玩具区里玩，妈妈则在不远处给她烤小饼干，透过厨房的小窗户，妈妈可以看到迪迪的状况。此刻，迪迪拉着玩具区的栅栏站起来了，她伸手想去抓玩具区外面的一个毛绒猴子，但试了好几次，都没有成功。

妈妈在厨房看到迪迪站起来了，便停下了手里的工作，从窗户里观察她。在迪迪尝试到第五次的时候，妈妈感觉到了迪迪的情绪有变化，她开始焦躁，开始不安地叫“ma ~ ma”。

妈妈快速走进玩具区，抱起了迪迪，轻声问她是不是想要小猴子。迪迪点头回应，妈妈把小猴子稍微往前移了一下，这下迪迪伸手就拿到了猴子，她开心地挥舞着手里的猴子。

上文中的迪迪是一个幸运的孩子，妈妈对她的照料及时又恰当，准确地回应了她的需求。迪迪的妈妈总是知道什么时候是最合适的介入机会：她看到迪迪站起来了，知道迪迪有潜在的摔倒的风险，便停下手里的工作，专心看着她；在看到迪迪抓小猴子遇到挑战时，她并没有第一时间就冲过来直接提供帮助，而是给了迪迪一些自己探索的机会；看到迪迪的情绪有变化，她及时出现，避免了让迪迪体验失败的糟糕情绪；在最后帮迪迪拿到小猴子时，她也并没有直接提供帮助，而是不经意地把小猴子放在了适合的位置，让迪迪自己体验成功的快乐。

这样的照料关系，让孩子充满了安全感和能力感，他觉得自己有信心搞定生活中出现的一切挑战，带着这些信任孩子迈入了下一个发展阶段。

昨天迪迪刚过完了 2 岁生日，但这次生日聚会状况百出，迪迪的妈妈感觉很无奈。

先是表姐一家刚进到迪迪家里，迪迪就大喊：“不要你们来我家！”妈妈觉得很尴尬，跟迪迪解释说：“姐姐来我们家是给迪迪过生日的，你看，姐姐还带了礼物呢！”

听到有礼物，迪迪的注意力转移到礼物上，当场就表示要拆开礼物。妈妈想要劝说迪迪先过完生日仪式，吹完蜡烛再拆礼物，但迪迪就是不同意。妈妈把礼物拆开了，是迪迪最喜爱的工程车。

迪迪非常开心，抱着工程车一刻也不松手，其间表姐想靠近迪迪，或从她旁边经过，迪迪就会大叫或是伸手推表姐。晚上的时候，迪迪妈妈向爸爸形容这一天：“真是鸡飞狗跳啊！”

迪迪的妈妈有点搞不懂最近的迪迪是怎么了，动不动就发脾气，还特别犟。

在养育孩子的时候，我们都听说过“trouble 2”（糟糕的两岁）这个词，中国的古语也说到 2 岁是一个孩子“狗都嫌弃”的年纪。

这个年龄的他们正是自我意识突飞猛进的时候：他们特别喜欢囤积个人物品，自己的东西绝不让别人触碰，自己的空间也禁止他人踏入。这也是为什么迪迪会在表姐一家来到她家后，有那么大的情绪反应，在表姐想要看一看她的玩具时，她会表现得那么粗鲁。在生活中他们想要获得一些价值感，而处处说“不”，便是他们最常用的武器。

当孩子有了初步的语言表达能力和独立行走能力之后，孩子迎来了关于自我概念的第二个阶段：自我意识。随着孩子与外界的互动，他们发现，自己的一些行为能使某物或某人按预想的方式反应，比如，按开关，玩具猴子会蹦；大哭大闹，会引来父母的关注。这些都表明孩子开始有了自我意识。

对于学步儿来说，这样的处处唱反调既是自我意识的凸显，也是他们自信心形成的一个关键时期。这个时期，父母一定要做好以下两点：

首先，父母需要尊重孩子。尊重意味着父母要认真倾听孩子的想法，及时回应孩子的需求。想一想，如果孩子的想法可以被父母倾听，被他们及时回应，孩子会感受到自己是被爱的，是有能力的，这样的亲子互动强化了孩子的自信心。反之，如果孩子的想法总是被忽视或是被拒绝，这样会加深他们的无力感，这种互动模式会逐渐让孩子放弃表达，放弃思考，也放弃信心。

父母总是会困惑在哪些事情上可以顺着孩子的想法，在哪些事情上又需要给孩子立规矩。对于这个问题，一百多年前，蒙特梭利通过她对孩子的观察已经给出了答案，那就是：“孩子的行为都是被允许的，除非他的行为是不尊重的、破坏的以及不安全的。”

如案例中的迪迪，父母在生活中就很好地尊重了孩子，吹蜡烛和拆礼物并没有绝对的先后顺序；父母也尊重了她占有自己物品的行为，没有鼓励她和表姐分享。

其次，给学步儿一些独立做事情的机会，让他们在迈向独立中收获自信。孩子没有独立能力就不可能有自信，正如蒙特梭利所言："我从没见过一个凡事都需要依赖别人的孩子是一个有信心的孩子。"

迪迪最近对厨房非常感兴趣。

她注意到奶奶每次从市场回来都把菜放在固定的位置，因此每次奶奶买菜回来，她都抢着去给奶奶开门。今天奶奶买回来了一些新鲜的莲蓬，迪迪没有见过莲蓬，她好奇地从袋子里拿出莲蓬准备放在嘴巴里咬一口。

妈妈见状，连忙制止了她，并告诉她："这是莲蓬，莲蓬的外面不能吃，它里面有莲子，如果你愿意，可以帮忙把莲子剥出来。"

迪迪很开心地用妈妈教给她的方法把莲子剥了出来，拿出来的莲子没有地方放，迪迪又跑到厨房，拿出一个小碗，把莲子装了进去。

妈妈看到迪迪的行为，满意地笑了。

像迪迪一样，2岁左右的孩子很想测试自己的能力边界，他们想知道哪些事情自己可以做，哪些事情是自己现在还做不了的，所以他们很愿意参与一些家庭劳动，例如扫地、穿衣、洗手，等等。

这个阶段，父母的职责是给他们提供一个安全的可供探索的场地和机会。这样的机会对孩子太重要了，这既是孩子迈向独立的一个必有阶段，也是增强孩子自信心的好机会。

2. 3~6岁：关注和孩子的交流方式，避免语言贬低

当孩子开始意识到自己是一个独立的个体时，他们就开始借由他人（主要是身边的成人）对自己的反应慢慢形成关于自己是一个什么样的人的判断，也就是孩子的自我概念开始建立。不过，孩子一开始建立的自我概念是非常具体的，往往和具体的物品和行为联系在一起。

假如你问3岁的迪迪“你是谁”，她很有可能这样回答你：

> 我叫迪迪，我3岁了，我有一辆红色的汽车，我最喜欢的就是汽车，我还喜欢吃蛋糕，我妈妈经常会带我去买蛋糕。

从这样的回答中，我们能看出，孩子的自我概念非常具体，他们的回答通常涉及自己的姓名、年龄等身份特征，涉及自己的拥有物和喜好以及自己的日常生活片段。

尽管3岁时，孩子对自己的认识非常具体，但很快随着年龄的增长，认知的发展，他会慢慢地把外界（尤其是父母）对自己的反馈和评价上升到品格和道德的层面，也就是说，他会慢慢关注自己是一个拥有什么样的品质的孩子。

因此，**要想帮助一个3岁的孩子形成积极的自我概念、建立信心，父母在和孩子互动时，要尤其注意避免使用贬低性的语言**。

这个世界上，没有父母愿意自己的孩子用“笨蛋”“胆小鬼”和“无能”等词语来描述自己，但他们却不自觉地在孩子身边不断传递着这些信息。

迪迪上大班了，今天从幼儿园回来，告诉妈妈说：“我们班的洋洋去学跳舞了，舞蹈班给她发了粉色小裙子，像小天鹅一样，很漂亮。妈妈，我也想去学跳舞。”

妈妈正在思考，旁边的爷爷开玩笑地说：“就你这小胖猪，能跳得动吗？”

迪迪听了，眼里含着泪水进了房间。

妈妈觉得很奇怪，要按平时，迪迪一定会大声反驳，甚至动武来显示她的愤怒，可今天她只是默默地伤心地走开了。

以前的迪迪在听到一些负面评价时，会反驳，会生气，现在则是默默地承认这些描述，相信自己就是爷爷描述的那样的人。因此，一旦孩子的行为开始反常，父母就要引起重视。我们常说父母的语言有神奇的魔力：积极和鼓励的语言对孩子是祝福；消极和贬低的语言则是诅咒。

通常，父母怎么描述孩子，孩子就会长成父母描述的样子。这样的贬低影响了迪迪对自己形象的判断，让她觉得自己的外貌，尤其是身材是一件让她很羞愧的事情。一旦孩子从自己的行为中感受到羞愧，孩子的信心就逐渐被磨灭了。

3．6~9 岁：引导孩子全面客观地认识自己

通常情况下，6 岁是人一生当中一个重要的转折点。孩子几乎都是在这个年龄开始进入小学。周围环境的变化，新的老师、新的同学、新的规则和习惯都会让孩子在很多地方产生不适。很多孩子在这个阶段自信心都会有一个短暂的下降，这是很正常的

事情，父母不必太过焦虑，往往过了这个转折期，孩子的自信心水平就又能恢复。

这当然不是说父母什么都不用管，静等着那一天的到来就可以了。父母还要延续孩子0～6岁时一直做的事情，例如：保持好的亲子关系状态；让孩子获得能力灵感；鼓励孩子，给他正向的信息反馈；支持他的探索，等等。但到了这个阶段，孩子的自我概念又有了新的变化。

随着孩子语言和认知的发展、生活范围的扩大以及社交经验的积累，6岁时，孩子对自我概念有了更加清晰的认识。6岁的迪迪会这样评价自己：

> 我叫迪迪，我在××学校上学。我会弹钢琴，前两天还去参加了钢琴考级比赛。我是一个守信用的人。我不是很漂亮，但我很勇敢。我认识很多字，能自己看书。我数学不太好，总是分不清大于号和小于号。我的同桌清清不一样，她的数学就很好。

正如我们上文的判断，我们发现，6岁的孩子对自己的描述更加全面了，他强调的不是具体的行为，而是能力（如会弹琴、会读书），而且开始有了品格和道德的判断（守信用、勇敢）。

这些自我概念之所以会形成，来自两股力量：除了始于3岁时父母和孩子的互动外，还有孩子开始逐渐形成的社会比较能力。随着孩子社交范围的扩大，孩子的社会比较能力也在逐渐建立。

社会比较是指孩子通过将自己的个人形象与周边的同伴相比较之后形成的一种价值判断。如上文中迪迪对自己的评价是：识字多，但数学不好。这里的多与少，好与坏都是孩子在生活中通过与他人的比较得出的判断。

社会比较能力的建立，对孩子来说意义重大，因为他可以不用仅仅依靠别人的评价来建立自我概念了，通过多方信息综合起来的自我概念通常更全面，也更客观。而且随着孩子年龄的增大，到了 7 岁、8 岁，他的社会比较能力范围也会扩大：不仅仅是和周围几个同伴相比，他们也会和某一个群体进行比较。

基于此，除了延续孩子 0 ~ 6 岁时我们使用的帮助他建立正向自我概念的方法之外，父母在帮助 6 岁以上的孩子发展自我概念、建构信心时，可以重点引导孩子发展社会比较能力，全面客观地认识自己。每一个人都有自己的多样性，有擅长的领域，也有不如别人的地方。父母很重要的一项工作就是帮助孩子发现身上的优点，用优势增强信心。

上了小学之后的迪迪，似乎对什么事情的兴致都不是太浓了。

这两天学校通知爸爸妈妈，让他们和孩子们商量着选报 1 ~ 2 个社团。

晚上回家，妈妈问迪迪："学校的社团你想好报哪个了吗？"

迪迪回答说："我觉得没有适合我的社团。"

妈妈问："怎么会没有呢？你们不是有黏土社团吗？我觉得你的黏土做得就很好。"

迪迪说："你是没有见别人做的，比我的好多了。"

妈妈说："那小提琴呢？你不是上过一些课吗？而且社

团里会从头开始教的。”

迪迪说：“小提琴也不行，我根本就学不会。”

妈妈感受到迪迪语气里的气馁和挫败，于是停了下来。思考了一下跟她说：“迪迪，我又看了一下，你们还有美食社团呢。你是忘了有这个社团吗？如果你说你做美食不如别人，那我可是一点都不信。我还没见过哪个孩子做美食比你更在行呢！”

听到妈妈信任的语气和轻松的表情，迪迪小声说：“我也有考虑过这个社团，但是我担心自己会变得更胖。”

妈妈开心地说：“你放心吧，你在社团里做出来的东西不一定全部都要自己吃了呀，美食真正的价值是给爱的人带来幸福的味道。爸爸妈妈都很期待能吃到你带回来的美食呢！”

迪迪听了，轻松地喘了口气，并笃定地告诉妈妈：“那我明天就去报名这个社团。”

像迪迪一样，6～7 岁的孩子对自己的评价往往比较片面，不会从多维度认识自己，他们很在意身边人比自己强的地方，在和同伴做比较时，容易气馁和不自信。这就需要父母多花心思引导，让孩子把注意力多放在自己的优势上，而不是放在短处，自怨自艾。

4．9～12 岁：形成积极正向的思维方式

孩子的自信心是在日复一日的与外界事物的相处中获得的。每完成一件事，自觉或不自觉地，人们都会对这件事情进行反思，

对成败的原因进行归纳总结。这个能力虽然在孩子很小的时候就有了，但真正开始把这项能力用好，要到孩子 9～12 岁，因为这个阶段孩子的大脑发育得越来越完善，对自己行为和情绪的控制能力也越来越好。这个时候，父母在帮助孩子建立自我概念时应该着重引导孩子对待事物的思维方式，形成批判性思维。

帮助孩子形成有关自我概念的批判性思维，也就是说，当孩子接受来自外界的一些负面评价时，孩子需要学会有意对这些信息的可靠性做出判断：若信息有误，孩子可以通过一番思考后，将这些信息排出大脑的记忆空间（忘记），以此来弱化负面信息对孩子自我形象的削弱。

今天迪迪从学校回来之后，心情很沮丧。

妈妈问她发生了什么事情，迪迪说："清清说我数学考试的时候看她的答卷了，说我抄她的答案。可是我没有看，我只是做完试卷，脸往她那边看了一下。她到处跟别人说我不诚实，我真的很生气。"

妈妈说："你觉得自己是不是一个诚实的孩子？"

迪迪说："我觉得我是，但是他们现在都说我考试作弊。"

妈妈说："只有你知道他们说的不是真的。你还记得你自己在哪些事情上表现得很勇敢、很诚实吗？"

迪迪说："上次我把妈妈的化妆品打碎了，我给妈妈认错了。"

妈妈问她："还有吗？"

迪迪说："还有上次我和朋友去野餐，偷偷去池塘边玩了，回来也告诉爸爸了。”

就这样，在妈妈的引导下，迪迪描述了很多能证明自己是一个诚实孩子的证据，在阐述这些证据时，迪迪越来越放松，似乎考试作弊这件事对她来说已经不值一提了。在内心深处，她依然认为自己是一个诚实的孩子。

随着迪迪进入小学，社交圈子越来越大，接触的人和接收的外界评价也越来越复杂。庆幸的是，迪迪的妈妈很清楚怎样让这些来自外界的信息正确地储存在孩子的大脑中。

当孩子对外界的评价充满困惑时，他们很需要一位像迪迪妈妈一样的思维教练，通过对话的方式帮他们一一澄清令他们感到困惑的地方。这样做，既帮助孩子澄清了自己的人格和价值观，又让他们确定自己是一个拥有好的品格的人，增强了孩子的自我概念，也维持了孩子的信心。

回顾本节

本节阐述了 0～12 岁每个年龄段孩子的自我概念是如何形成的，以及在不同阶段，父母可以在哪些方面支持孩子形成积极的自我概念。本节的主要观点如下：

❶ 了解“我是一个什么样的人”是人一切行动的前提。一个人，只有内心认为自己还不错，他才会形成自信。

❷ 人类的自我概念是不断发展的，不同年龄对自己有不同的认识，如今普遍认为：自我概念的形成始于出生。

❸ 从出生开始，自我概念的形成经历了自我觉知、自我意识，慢慢才发展到自我概念，且 3 岁、6 岁、9 岁和 12 岁的孩子自我概念有很大的区别。

❹ 让爸爸妈妈们了解每个阶段孩子自我概念的特点及形成原因至关重要，它使父母相信：在孩子人生的每一个阶段，父母都可以做些什么支持孩子建立自信。

2.2 稳定的高自尊：让孩子“喜欢自己”

所谓自尊，在心理学上是指一个人对自我的总体评价和感受。在这个概念中，我们发现自尊的定义包括两个部分：一部分是对自我的评价，也就是我们上节讲到的自我概念；另一部分是自我的感受，也就是说，一个人对自己是这样的一个人是否满意。因此，自尊这个概念实际上是一个充满了情绪体验的词，它更多地反映了一个人对自己的满意度。

生活中，我们也会经常使用自尊这个词，但很少有人仔细去理解自尊与个人成长的关系，而且由于生活化、随意化地使用这个词语，自尊和自我概念以及自信心之间的区别也变得模糊。

1. 自尊与自我概念、自信的关系

自尊与自我概念的关系。自我概念是一个孩子觉得自己是一个什么样的人的一种判断。而自尊则是在上述基础上带来的情绪体验。如果孩子对自己整体的判断比较积极正向，他会觉得自己的价值感强，信心也会更强。相反，如果一个孩子觉得自己是一个干啥啥不行的孩子，他的自我效能感很低，情绪状态往往也比较低沉。简单来说：“我是一个很不错的孩子（自我概念），我喜欢自己（自尊）；我是坏孩子（自我概念），我不喜欢自己，我很自卑（自尊）。”

自尊与自信的关系。自尊是一个人对自我的总体评价和感受。自信心则是一个人相信自己能力的一种信念，它让一个人有信心面对生活里的一些挑战和任务。由此可见，自信是自尊的一个组成部分，虽然自信也能带来好心情，和情感体验相关，但自信心更侧重于对自己能力的评估。

2. 输不起、说不得的孩子是自尊心太强了吗？

自尊心建立良好的孩子能够客观地肯定自我价值，对自己的判断和行为很笃定，能处理好生活中发生的各种事情。在遇到困难和挑战时，自尊水平高的孩子也会愿意去挑战自己，战胜困难。而且这份确定感和掌控感也会迁移到他们的人际关系当中，让他们有很强的人际关系边界感：他们不需要用对方想要的东西去交换爱或者友谊，他们很有主见，不会轻易因为别人的评价改变自己的想法，或攻击自己，或产生自卑的想法，认为自己不好。

自尊心这么重要，但生活中，我们却往往片面化地使用这个词语。相信你一定听过下面类似的话：

“这孩子自尊心太强，一说他就闹脾气。”

“我这个人自尊心很强，我才不会去找他帮忙。”

我们看到上述的这些话，都是将自尊心与别人联系起来。但回看自尊心的概念，它主要是指一个人对自己的价值判断，跟别人怎么看无关。那又为什么当我们说到自尊时，总是特别在意别人的看法呢？所以什么是真正的高自尊呢？

一个人自尊水平发展的状况如何受两个维度的制约，一个是高低，一个是稳定性。

高低这个维度是我们比较熟悉的一个维度。一个人觉得自己是有价值，值得被爱的，就是高自尊；反过来，对自己的总体评价比较低，就是低自尊。但稳定性这个维度某种程度上更重要。如果一个人对自己的评价很高，但他又很容易被外界的评价所影响，当别人质疑他的某方面能力时，他也跟着不确定，并且受不了外界的批评，就证明了这个人的自尊水平是不稳定的。

按照自尊的两个维度，我们可以把人的自尊发展水平大致归为以下四类，我们用图 2-1 来简单示意。

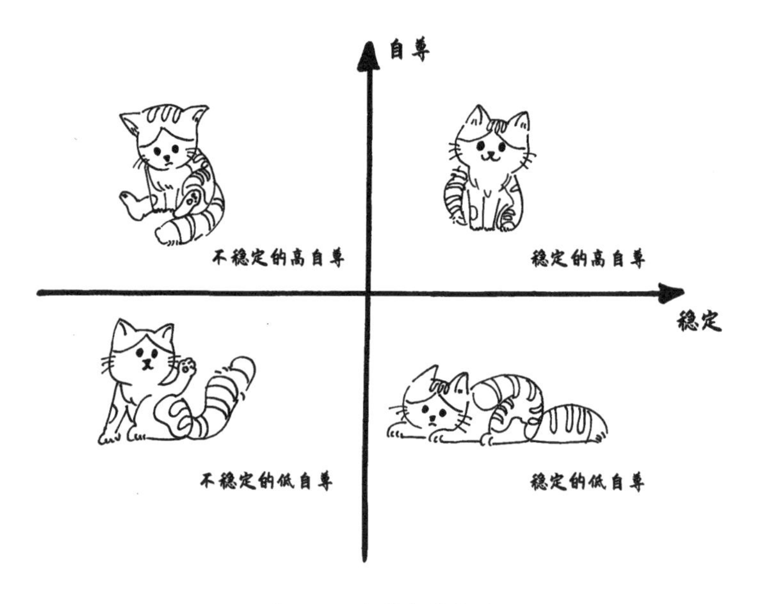

图 2-1　自尊发展水平

第一类：稳定的高自尊。这类孩子内心觉得自己是一个有能力、有价值的人，而且他对自己的看法很少会被外界的声音左右，能坚持自己的想法，虚心接受他人的意见和批评。

第二类：不稳定的高自尊。这类孩子，当生活处于顺境时，他们会认为自己是有能力的；但如果遭遇了失败和打击，他们就会怀疑自己的能力，比较难调整情绪，也比较不容易重整旗鼓，再次迎接挑战。

第三类：稳定的低自尊。这类孩子在多数时候都认为自己没有能力。对出现在生活中的大大小小的事情，自己似乎不具备任何决定权和选择权，消极地面对或逃避是他们生活的常态。

第四类：不稳定的低自尊。这类孩子虽然大部分时候觉得自己没有能力，但当外界给一些鼓励或者是面对自己非常有把握的事情时，他们又会表现出想要试一试的想法。

从整体上看，稳定的高自尊对人的发展更为有利，因为这样的人，往往会把外界的评价和反馈看成一种参考，而不是衡量自我的标准。因为相信自己始终是有价值、有能力、值得被爱的，所以他们更能放开手脚去追求自己理想的生活，打拼属于自己的人生。因此，那些输不起、说不得的孩子并不是真的自尊心强，他们虽然对自己的评价不错，但这些评价极其不稳定，非常容易受到外界因素的干扰。真正的强自尊一定是兼顾“高评价”和“稳定性”的。

3．信心都去哪儿了，为什么孩子试都不愿试一下？

父母养育孩子时，往往有一种情况非常让人抓狂，那就是，不管遇到什么孩子都说自己不会，往往连试都不试一下就断定自己不行。这时候，父母一味生气，恨铁不成钢是没有用的，我们更需要知道隐藏在孩子内心的顾虑和担忧是什么，有针对性地帮助孩子减轻顾虑。

面对同样的情境，尽管都是退缩和逃避，但对不同自尊类型的孩子，其动机和出发点都不一样。

对于不稳定的高自尊者，隐藏在他们退缩行为背后的原因是：避免失败，害怕承担失败后来自外界的批评和否定。他们典型的特点是容易受到打击。为了维护自己在别人心中聪明能干的形象，他们往往会选择回避问题。面对这样的孩子，父母要一方面向他们传递错了也没有关系的信念，另一方面，尤其重视不要在孩子遭遇挫折后，对他们进行负面的攻击和冷嘲热讽。

对于稳定的低自尊者，隐藏在他们退缩行为背后的原因是：深深的无力感，不相信自己拥有改变失败命运的机会。他们典型的特点是“逆来顺受”。别人说什么都好，永远在附和别人的意见。被人表扬时，他们也会怀疑自己真的有这么好吗，被人批评时，他们会从内心认同别人的指责和意见。面对这一类型的孩子，父母要想办法降低任务的难度，让他多获得成功的体验。

对于不稳定的低自尊者，隐藏在他们退缩行为背后的原因是：多一事不如少一事，对未来的事情没有把握，赢了也只是暂时的感觉不错，输了反倒证实了自己不行的事实。他们典型的特点是“善变”。他们的内心似乎一直有两个“小人”在打架，一个说“别折腾了”，另一个说“试试吧，万一可以呢”。面对这样的孩子，父母需要真诚耐心地鼓励他们勇敢迈出这一步，让孩子心中那个积极主动的“小人”拥有更多机会。

4. 四个策略帮助孩子走向稳定的高自尊

自尊的情感体验是通过和父母、周围人的互动获得的。拥有稳定的高自尊的孩子通常容易肯定自己的价值，他们不会因为别人的评价轻易改变自己的想法、攻击自己，而是坚持做自己。他的自我价值也保证了他们不会因为同伴的压力而去做一些违背意愿的事情。可以说，拥有稳定的高自尊的孩子也是一个信心十足的孩子。那么，父母应该如何培养高自尊的孩子呢？

首先，重视对孩子的评价。自尊和评价有关，孩子的自我评价建立在其他人的评价上，谁对他最重要，谁的评价就很重要。当孩子年纪还小的时候，他们对自我价值的评价一般来自他人对自己的评价，对他们越重要的人对他们的评价越重要，这里通常情况下指的是父母、祖父母以及老师、同伴，这些“重要他人”的评价会给孩子带来更加强烈的情感体验。

父母对孩子的评价非常重要。家长评价孩子的时候，最重要的一条原则就是“对事不对人”，也就是说，评价孩子的时候不把具体的行为与孩子的价值联系在一起。尽管这是一条老生常谈的育儿原则，但在生活中父母还是常常不经意间就犯这样的错误：

“做 ××× 就不是好孩子，做 ××× 才是好孩子。”

“你老是……，你永远都……，你每次都……”

“你再这样我就不喜欢你了。”

“你是哥哥 / 姐姐，你不能这样。”

“你就是个……的小孩。”

“你就是……（给我找麻烦 / 让我生气 / 不配合 / 不体谅大人 / 没事找事）”

如果生活中孩子总听到类似的话语，时间久了会产生困扰：一个行为或者一个事情就能决定我是一个好孩子或者不是一个好孩子。有时候，父母认为我是乖孩子，有时候又说我不好，那么我到底是什么样的孩子，是好孩子还是坏孩子？聪明的还是笨的？常常面对这样的困惑，孩子的自我概念会逐渐变得模糊，对自我的评价也会充满不确定感。

其次，给予孩子无条件的爱。无条件的爱也是育儿的基本原则，但父母常常不好把握界限：无条件就是什么都依着孩子吗？答案当然是否定的，无条件的爱绝不是娇惯和纵容孩子的所有行为。如果要给无条件的爱下个定义，那确实是个难题。但如果我们反过来，去定义“有条件的爱”，事情就变得简单得多，非常明显，所谓有条件就是把对孩子的爱和孩子的具体行为联系在一起：当你（孩子）做了什么或者不做什么时，我（父母）才爱你。

> 平平的妈妈很担心自己批评平平会让孩子情感上受到伤害。因此，每次当平平做错了一件事情，需要妈妈指出来的时候，她都会在讲话的开头加上一句：“妈妈很爱你，可是你刚才……”时间久了，平平每一次做错事情之后，不等妈妈开口，就先问妈妈：“妈妈，你爱我吗？”

对爱的表达应该像和风细雨般融入在每一天和孩子的互动中，但生活中，很多父母都像平平妈妈一样，只在每次孩子做错了事情、需要批评孩子的时候才去表达爱，这很容易让孩子以为，妈妈的爱和我做了什么事情是联系在一起的。还有的父母习惯在孩子取得了一些成就、获得了一些成功之后才去表达爱意。但实际上，爱应该是生活中自然而然，在平时的互动中不经意地传达出来的，而不是在特定的场合，有条件地流露出来。无条件的爱才会肯定孩子的自我价值，提高孩子的自尊水平，让孩子由衷地欣赏和喜欢自己。

再次，让孩子体验所有的情绪，不能一味地“感觉好”。著名的精神病学教授弗兰克尔认为：“如果生命有意义，那么遭受苦难也有意义。”在他看来，苦难是生命不可或缺的一部分，人不应该问生命的意义是什么，而必须承认是生命向我们提出了问题。换句话说，经历过失败和挫折，孩子才能学会在这些苦难面前重新站立起来。

虽说，积极的情感能维护孩子的高自尊，但正如奖赏教育中的虚假的棉花糖一样，没有人的一生都可以被这样的糖果守护。情感分为积极情感（positive emotions）和消极情感（negative emotions），孩子应该去体验所有的情感。情感没有好坏、对错之分，体验消极的情绪和体验积极的情绪一样重要。

有些父母为了维护孩子的自尊，避免让孩子产生内疚感，他们非常审慎地使用批评和指正。事实上，如果父母对孩子的行为表现从来不评价是非对错，后果会很严重，它会让孩子渐渐失去行为的边界感。慢慢地，孩子不知道自己的哪些行为是合适的，哪些是不合适的。相反，在孩子做错事时及时指出来，既让孩子有了行为的尺度，也不会让孩子养成“说不得”的假自尊。适当的内疚感，可以让孩子控制想要伤害别人的冲动，帮助孩子发展自我管理的能力。只要父母始终记得对事不对人，只评价事件本身，不评价孩子的好坏，就不会影响孩子的自我价值。

最后，给予具体的帮助，让孩子可以“表现好”。父母要给孩子具体的帮助，提供“脚手架”。让孩子学会学习，教孩子一些学习策略，将大目标分解成一个个的小目标，学会列单子、做计划，等等。当孩子的能力确确实实提高了，就能提高他的自信。

小西上一年级了，对她来说，学习上最大的挑战就是背诵古诗。今天又有背诵古诗的作业，和往常一样，小西依然是对着妈妈大哭，不愿意背，觉得自己根本就背不会。

妈妈等她哭完发泄完，先在网上找了古诗词的动画解说，陪着她一起看。

看完之后，妈妈又陪着她先一句句读，解释意思，再让小西自己说一下诗句的意思。

小西说："妈妈，古诗背起来真的好难啊！"

妈妈说："对啊，这是一千年以前的诗，确实很难。妈妈上学时背这些也觉得难。"

先背第一句，再连着第二句，最后第三句、第四句都背会了，再整体连着一起背。一共40个字，总算背完了。从哭到结束，大概一个小时。

对于一个畏难的、自信心不足的孩子来说，她需要妈妈像一个水库一样能接住她扑面而来的负面情绪，但更需要妈妈一步一步给她搭起"脚手架"，慢慢把她递到成功彼岸。小西的妈妈是一个很智慧的妈妈，在孩子表示背古诗难的时候，表现出了同理心：确实很难。接住了孩子的情绪，让她"感觉好"，也给她提供了一些具体的帮助让她可以"表现好"。

孩子畏难、哭闹其实是寻求帮助的一种方式，只不过表达可能不太符合我们的期待。小西的妈妈帮助她一点点克服，没有指责和嘲讽，而是和孩子站在一起。面对一个高敏感困难型的孩子，成长的每个阶段都有需要面对的困难，小西的妈妈没有把孩子推到一边，让他自己解决。小西和妈妈之间的这种相处模式，让我们可以相信：长大后的小西一定不再是这个畏难、退缩、胆小和只会哭鼻子的小孩儿。父母用什么样的方式和孩子互动，孩子最终就会变成什么样。

回顾本节

自尊是一个人对自己的整体评价，以及由此带来的情绪体验。拥有稳定的高自尊的孩子，不会受外界评价的过多影响，而会更有信心面对生活中出现的新问题。因此，在培养孩子的自信心时，父母一定要重视对孩子自尊心的保护，让孩子发自内心地喜欢自己。本节主要阐述了以下内容：

❶ 比较自尊与自我概念、自信心等概念的异同。

❷ 什么是真正的自尊？四种不同的自尊类型分别是什么？

❸ 面对退缩行为，隐藏在不同自尊类型孩子背后的原因分析。

❹ 在帮助孩子建立自尊时，让孩子“感觉好”和让他“表现好”一样重要。

2.3 改变思维方式：让孩子明白“一切都来得及”

1. 悲观的孩子：我怎么总是这么倒霉？

丁丁放学回来，特别愤怒：“我真的太讨厌数学老师了，他为什么总是针对我？”妈妈问他发生了什么。

丁丁说：“今天早上，我一进教室，就发现我座位旁边的窗户裂了一条小缝。可是我根本不知道这是怎么弄的，我进去的时候就这样了。然后，上数学课的时候，我就在想一会儿该怎么和班主任解释窗户的事情，就盯着窗户看了一会儿。数学老师说我不好好听课，让我到黑板面前做练习题。可是，我都没有听，我怎么会做。从讲台上下来的时候，我感觉所有人都在笑话我。我真讨厌数学老师，他故意让我出丑。我真是倒霉死了，为什么别人的窗户都好好的，就我那里的窗户要裂一条缝？”

自信有两个方面，感觉好和做得好。对大多数人来说，做得好，感觉就会好；如果没有做好，感觉往往也不会好。这样的情绪变化在多数人身上都是一致的，不同的是，这种不好的感觉发生在有些人身上似乎会一直持续下去，而在另一些人身上，这种不愉悦的感觉很快就能过去。

美国积极著名心理学家马丁·塞利格曼研究发现：一个孩子在没有能做好的时候，一般都会感觉特别不好，其实这种不好的感觉并不会导致孩子不愿意再次尝试；相反，是孩子认为这件事情的影响是永久的，对自己生活的各方面都会产生可怕的影响，导致他们对未来失去了信心，再也不去尝试。比如，如果我期中考试没考好就完蛋了，父母会不爱我，同学们会嘲笑我，老师会鄙视我，而且我以后肯定都考不好了。正是这样的想法才会让孩子干脆放弃努力，进而导致经常做不好事情，这样就陷入了一个负向的循环，孩子的能力越来越弱，感觉越来越不好，自信心也随之降低。

根据塞利格曼的说法，一个悲观主义的人习惯把出现在生活中的事情用三种方式去解释：永久化、个人化和泛化。

永久化意味着孩子认为一件事情的不好影响会永远存在，不会消失。比如，丁丁认为，没有当众做出来数学题，他在老师和同学心中会一直是那个上课不好好听讲、题目不会做、呆呆笨笨的形象。失败不可怕，可怕的是认为自己以后也不会成功了，自己的形象已经固定下来了。

在一次家长会上，老师让家长回忆自己童年时经历的一件很糟糕的事情，每个人都在努力回忆。事后，老师问他们：这件事情发生的时候你是什么感受。大多数人使用的词语是愧疚、丢脸、狼狈、愤怒、难过、伤心等。老师继续追问：现在的你，如何看待这件事情的影响呢？所有的父母哈哈一笑，觉得那时的自己实在是太幼稚了。由于生活经验有限，孩子在遇到困难时往往会片面地评估这件事情对他的影响。因此，父母需要引导孩子往前看，让他知道，任何事情放在人生的长河里，都将成为过往，成为一件很小的事情。只要鼓起勇气去迎接下一次，孩子完全有能力去改变这件事情的结局。而且，每个人都有自己的生活要处理，没有人有精力刻意地去记住发生在别人身上的糗事。

个人化意味着孩子认为事情的发生都是针对他的，之所以会经历不幸是自己的运气太差。这也是悲观者解释事件的一个常有的习惯。比如，丁丁认为，窗户坏了和自己有关，是自己太倒霉，所以才要承担这从天而降的不幸。但事实上，没有人把这件事和丁丁联系在一起。窗户坏了有很多原因，被风吹的、时间久老化了，等等。可是对于悲观的丁丁来说，他会把生活中发生的不幸都往自己身上归因，而且还认为这些原因都是自己不可控的，就这样承受着不属于他的压力和委屈。慢慢地，这种感受真的影响了他的生活，比如，上课走神，没有听懂新知识，做题失败，感到被羞辱，等等。

悲观的第三个特征是泛化不幸。也就是说，孩子会把一件事情的失败体验迁移到其他事情上，认为自己做什么都不会成功了。对丁丁来说，现在是不会做题，很快当他觉得自己是一个笨笨的孩子后，他做什么都不会有信心了。

2. 两种思维方式带来的不同人生

一个老太太，有两个女儿，一个卖帽子，一个卖雨伞。孩子们都有自己的生活，但老太太每天都过得忧心忡忡。下雨时，她担心大女儿的帽子卖不出去；晴天时，她担心二女儿的雨伞卖不出去。后来有人给她出主意，下雨时，你想二女儿的雨伞有机会卖得好；晴天时，你想大女儿的帽子有机会卖得好。老太太听了这个建议，往后的每一天日子都过得舒坦又充满希望。

这是一个耳熟能详的故事，折射出来的是完全不同的两种生活态度。它也告诉我们，事实就在那里，幸运或不幸有时候只取决于经历的人是怎么看待它的。

在经过对成功的数十年研究后，斯坦福大学心理学家卡罗尔·德韦克发现了思维模式的力量。她在《终身成长》一书中表明，我们获得的成功并不是能力和天赋决定的，更受到我们在追求目标的过程中发展的思维模式的影响。德韦克研究发现，人对自己能力天赋的看法通常分成两种思维定势：一种是固定型的思维，这种思维认为能力天赋是固定的，自己能改变的很少；还有一种是成长型的思维，这种思维方式则认为能力天赋是可以通过练习不断提高的。两种不同的思维方式在以下几个方面差异明显：

首先，他们对结果和过程各有侧重。固定型思维方式的孩子更加重视结果，因为这个结果定义了他的自我价值。但越重视结果，孩子越焦虑，越不愿接受挑战，因为他无法承担失败的结果。相反，成长型思维方式的孩子更加重视过程，愿意学习和不断提高。他们虽看重成绩但更重视学习过程，因为在他们看来只有过程才是掌握知识和技能的途径，所以他们有学习的动力，也愿意持续尝试突破自己。

其次，对于要不要努力持不同的看法。固定型思维方式的孩子认为成就是由天赋决定，而天赋是固定不可改变的，因此付出额外的努力似乎也是没有必要的。成长型思维方式的孩子认为努力学习和反复练习是提高的关键，能不能成功，天赋是一方面，但更重要的是自己的付出。

最后，对于怎么面对最终的结果，不同类型的孩子也很不一样。固定型思维方式的孩子一旦没有做好，会从外部找各种借口：

运气不好、题目太难、时机不对，甚至是自己没有认真对待，等等，总之失败和自己无关。成长型思维方式的孩子能够从容地面对失败的结果，会在失败后审视自己的能力，回顾学习过程，重新调整策略或者调整目标，客观地评价自己，认识自己，在不断总结经验中持续提升。

拥有成长型思维方式的孩子能够迎接生活中的挑战，可以直面生活中的困难和挫折，对学习和练习持拥抱的态度。成长型的思维方式，让孩子更有信心去迎接生活中的挑战，那么如何帮助孩子建立成长型思维方式呢？

卡罗尔·德韦克认为，在培养孩子不同的思维方式时，父母和老师如何评价孩子是其中最重要的一个影响因素。如果父母、老师在和孩子探讨成败的原因时，能将原因归结为孩子能够控制的因素（如努力、勤奋、专注等），而不是他不可控制的因素（如天赋、时机等），这会对孩子形成成长型思维方式发挥重大作用（见表 2-2）。

表 2-2　不同归因方式对孩子的影响

父母的归因	两种思维	下一次	对自信心的影响	下一步行动计划
父母将孩子的成功归因为不可控制的因素（如天赋、运气、称赞、聪明等）	孩子逐渐形成固定型思维方式	结果不好时——会泄气，认为自己笨或运气不好	影响孩子的自尊、自信、情绪以及后续的行动	不敢尝试，害怕面对失败，一蹶不振

续表

父母的归因	两种思维	下一次	对自信心的影响	下一步行动计划
父母的评价归因为可控制的因素（如准备很充分、很仔细等）	孩子逐渐形成成长型思维方式	结果不好时——不怕别人指出来，并把薄弱地方补起来	自尊、自信不会受很大影响	勇敢面对下一次挑战，相信自己能改变现状

孩子的“重要他人”，对孩子的评价，即结果归因为可控制因素还是不可控制因素，使孩子对待能力天赋有不同的看法，也就逐渐让孩子形成了不同的思维定势。因此，当父母评价孩子的成败时，要注重过程而不是结果，多肯定孩子为这次行动付出的努力、时间和态度，至于结果如何倒没有那么重要。事实上，只要孩子在过程中都表现出了成长型思维方式所拥有的品质，结果往往都不会差。除此之外，要培养成长型思维方式，也需要老师、父母具有成长型思维的信念，真的相信成败是可以由自己决定的，才会把这样的信念传递给孩子。

3. 孩子怎么看待事情，取决于父母怎么向他解释

美国心理学家阿尔伯特·艾利斯认为，面对同样的事情，一个人怎么解释这件事情会相应影响他的情绪及后来的行动计划。他把这个心理过程称作 ABC 模型。其中，A 是 adversity，触发事件；B 是 belief，想法；C 是 consequence，后果。当我们碰到不好的事件 A 时，我们会产生一个想法 B，而它们会引起后果

C。也就是说，并不是事件A直接导致的后果C，而是想法B带来了后果C。

ABC理论强调了人的想法和人的观念对人的情绪和行为的影响。比如期中考试考得不好，对这件事情的解释不同那么行为和情绪也会完全不同。有些人会想，这么重要的考试我都没考好，我这个学期的成绩好不了了，我就知道我不够聪明；而另一些人会想，期中考试没考好，还好是期中考试，不是期末考试，我还有半个学期可以努力呢，接下来好好学，把成绩提上去。因为这两种不同的想法，所以导致接下来的行动不一样了，而情绪当然也就不一样了。

那么，我们应该怎么去帮助孩子把事件往好的方向去解释呢？答案是：想让孩子在经历不好的事情后，依然可以重拾信心去采取积极的行动计划，最重要的就是去改变B——他们的想法。

回到本节开头时我们列举的丁丁的案例，他没能成功地解答出老师给的题目，并认为："数学老师不喜欢我，故意在全班面前羞辱我。数学老师可能这一个学期都会针对我，那么我就完蛋了，别人一定会以为我就是个坏学生。"从这个角度去解释事件，丁丁只会对老师充满怨恨，情绪被不公平感和委屈所占据，自然他课后也不会认真地去做题，因为反正他已经是坏学生了。

知道了丁丁的想法之后，妈妈就可以这样引导他往好的方向去解释事件："数学老师很细心，他一下子就发现你走神了。让你上去做题是为了测试你有没有掌握新知识，这一测就知道了，你确实是没有认真听课，还好数学老师及时把你的注意力拉回来了。没关系，这个知识点不是太难，我们现在重新来学一下，明天争取回答对，不辜负数学老师的期望。"妈妈如果能说服丁丁从这个角度去解释发生的事情，他对老师就没有敌意了，课后也愿意去努力。

作为父母，我们怎么向孩子解释事件，孩子也会慢慢习得相同的解释风格。因此，在让孩子学会积极地解释事件时，最重要的就是通过评价和示范，让孩子拥有对自己人生的掌控感。掌控感或者叫控制点可以分为两类：如果一个人认为他能够对自己的生活、发生的事情有决定权和选择权就是内在控制点（internal locus of control）；如果一个人认为他对自己的生活、对发生的事情没有丝毫影响，无所作为，自己的生活是被更有力量的人和命运所控制，这就是外在控制点（external locus of control）。

显然，拥有内在控制点的孩子，无论是对自我的认识、自尊水平还是生活态度和自信心都更强。因此，父母在评价孩子和解释事件时一定要记得多往内部归因，少一些外部的理由，让孩子相信自己有改变事件结果的希望，对自己的生活多一些掌控感和决策权，建立孩子的自主感、能力感，让孩子具备拥有感，而且这也是贯穿人生很长时间的发展任务。

4．改变思维方式的四个练习步骤

如果孩子碰到一些事情，很难走出来，父母可以通过以下四个步骤帮助孩子重新梳理对事件的解释，让孩子的状态回到积极自信的方向上。

第一步：清晰地陈述发生的事件。“我看到了一件 ×× 事情，引起了你 ×× 行为和情绪……”

第二步，审视自己的解释风格。“能告诉我，你是怎么想的吗？”

第三步，反驳不利的想法。“真的是这样吗？让我们想想看，这件事情也许可以有别的解释呢？”

第四步，立即采取行动，及时肯定行动的价值。“我们一起来想一想，接下来我们可以做些什么？”

小雪在课堂上遇到的最大挑战就是不敢参与课堂提问。每次一到提问环节，小雪就紧张得呼吸困难。老师多次和小雪妈妈沟通这个情况，希望能缓解一下小雪的焦虑情绪。我们一起来看看，小雪的妈妈是怎么引导她走出这个困境的。

第一步，陈述事实。

“小雪，今天我听王老师说上课回答问题让你感觉很紧张，你总是低着头，脸都红了。”

“真讨厌，他又向你告状了。我就是特别紧张，我害怕老师叫我起来回答问题。”

第二步，摸清孩子的解释，弄清楚她的担忧。

“能告诉我，你紧张什么吗？”

“我觉得老师在看我，他肯定要让我起来回答问题。如果我起来的话，我觉得我肯定不会回答。”

“我知道了，你有点担心会出错。如果出错了，你觉得会怎么样？”

“如果出错了，同学们肯定会笑我，老师也会觉得我没有认真听课。下节课，说不定老师还会叫我起来回答问题，我要是再出错了，就没脸去上学了。”

“那如果你回答正确了呢？”

“可能会吧，但我觉得我答不出来的可能性大。”

第三步，反驳。

“我们再想想，事情和你描述的一样吗，你的这些解释有事实依据吗？”

在妈妈的引导下，小雪发现：

“老师真的想让我回答问题，让我难堪吗？”好像也不是，我每次都把头低下去了。老师看没看我，我也不是很确定，而且几乎每次回答问题的都是别人。他应该不是专门要向妈妈告状，而是看出了我的不安，想要帮助我。这样一想，小雪觉得王老师的形象好了很多。

“我真的不会回答这个问题吗？”其实，每次当老师提问别的同学，我放松下来后，我发现大部分问题我都能说清楚。

“同学和老师一定会嘲讽你吗？”应该不会，我和班里的同学关系都不错，而且我们也没有因为哪个同学不会回答问题而嘲笑他。所以，就算我回答错了，应该也不会有人嘲笑我吧！

第四步，行动。

“是的，我觉得你们班的老师和同学都特别好，大家互相关心和帮助。这次王老师也是特别担心你的情绪，才跟我反映了这个问题。通过刚才我们重新理解这件事，你有没有感觉轻松一点？”

“是的，妈妈，我觉得轻松多了。”

“那我们一起来想一想，接下来，我们可以做些什么吧。”

“我觉得下次老师再提问，我可以试着抬起头或者先看黑板。”

“嗯嗯，我觉得这就是一次很了不起的进步。我们先让自己在课堂上放松下来，享受学习这件事，是不是愿意回答问题，等你以后准备充足了再说吧！你现在能去面对这件事情了，我已经看出了你的努力和勇敢！”

通过上述案例，可以发现，改变思维模式的方法重在第三步：反驳。想要改变固定的、悲观的思维方式，关键在于通过各种反驳信息来纠正自己的想法（B）。

其实上述方法不仅适用于儿童，也适用于成人。我们只有了解了自己的想法，才能知道自己的行为和情绪从哪里来，怎么调整。想要把积极乐观的解释风格传递给孩子，父母自己也要有意识地去审视自己的思维方式，及时反驳，及时调整。

例如，孩子生病，家里忙成一团，孩子爸爸忙于工作没有能及时提供帮助。

此时，如果妈妈对事情的解释是爸爸只关心工作，不顾家，不负责任，不爱家庭，随之带来的情绪就会是生气、委屈和不公平。接下来采取的行动自然是指责他的不关心和不负责任，评判他的行为，谴责他没有尽到做父亲和做丈夫的责任，人身攻击，一场家庭纠纷就开始了。

相反，如果妈妈可以向爸爸客观描述孩子的病情和状况，并陈述自己照料生病的孩子面临的困难，提出需要得到帮助。将孩子爸爸忙于工作的行为解释成为家庭负责、扛起来家庭的经济重担，自然也很少会有针对爸爸的负面情绪。而且在爸爸了解了状况之后，一定会理解妈妈的艰难和不易，尽自己所能为妈妈分担，共同解决困境。孩子生病反倒促进了家庭成员间的相互关爱和支持。

回顾本节

孩子怎么解释一件事情，就会采取与之相对应的行动计划。想要孩子在遇到困难和挫折时依然可以勇于挑战、直面困难，关键在于：

❶ 打消悲观的生活态度，不要永久化、泛化和个人化一件事情的影响。

❷ 养成成长型的思维方式，无论成败，多引导孩子从内部归因。

❸ 对事件采取积极的解释方式，让孩子对自己的生活有掌控感。

❹ 如果孩子态度消极，可采用四个步骤和他一起转变思维方式。

2.4 创造容错空间：让孩子知道“错了也没关系”

1．孩子遇到困难不是哭就是求助，问题出在了哪儿？

作为父母，我们都希望孩子在面对困难时，可以坚韧一些，勇敢一些，大胆地去迎接挑战，但往往事与愿违，很多孩子在遇到困难时要么选择退缩逃避，要么就是大喊大叫来寻求别人的帮助。那么问题到底出在哪里呢？孩子为什么表现得这么消极，这么没有信心？

我们之前讲到，孩子的任何应对行为都是在日常生活中点滴积累起来的习惯。因此，上述这些行为模式的产生首先与孩子自身因素相关：孩子对自我价值的判断是否乐观，对自己能力的评估是否全面，对待事件的解释模式是否合理。但除去这些内因，外部的大环境是否给孩子创造了一个宽松的、允许犯错的、鼓励探索和积极进取的环境也非常重要，我们把这样的一个环境称为“容错”环境。

很多时候，父母会认为自己已经提供了给孩子减压、为孩子松绑的环境。但事实上，受传统文化的影响，中国父母普遍对孩子较为严格，不知不觉间给孩子创造了一个压力很大的、规则严格的生活环境。这样的环境除了让孩子时刻感觉到压力之外，还会让他越来越退缩，越来越没有信心。关于容错有两个常见的误区。

第一个误区是虚假的接纳。

在团队中，小李做事比较粗心，经常会犯一些小错误，而且是重复犯错。错误虽不严重但也很影响工作，每一次领导都会说“犯错没有关系，最重要的是不要重复错”，但结果却是小李的工作依旧失误不断。

小李领导这样看似“容错”，但在过程中并没有提供一些切实有效的解决措施去帮助她，实际上领导给她营造的是“你怎么能这么一错再错，你究竟是哪里有问题”这样一个充满指责的环境。因此，小李从一开始有点内疚表示自己会用心工作，到后面一被领导说就局促不安偶尔狡辩，到最后演变成她为了不被发现错误选择隐瞒甚至撒谎。

因此，关于容错的第一个误区就是虚假的接纳。真正的容错不仅是要允许犯错，更要想办法帮助孩子学会从错误中成长。

第二个误区是过高的期待。

玲玲从小就是“别人家的孩子”，学习成绩好，性格好，样样都出众。不管是父母还是老师都很放心她的学习，很少提要求，他们只等着玲玲每次考试拿第一名就是了。但事实上，玲玲很怕犯错，特别是在面对考试时，怕一犯错就考不了第一名。表面上，玲玲的生活环境很宽松，父母对她很少有要求，但这样过分的看重结果实则让玲玲的生活充满巨大的压力。

这又是另外的一种不容错——似乎考试考第一名是天经地义的。不容错的环境产生的巨大焦虑和惶惶不可终日的巨大压力，让玲玲最后变成了一个很不自信的孩子：每次考试结束，走出考场，玲玲只要听到同学的答案和自己的不一致，就会下意识地认为是自己的答案不对，让她整日忧心忡忡。时间长了，这样的环境也是对孩子能力感和自尊自信的破坏。

这两个误区本质上其实都是营造了一种巨大的、无形的压力："怎么做那是你的事，我们只看结果，而且用结果来评判你。"那么到底什么才是真正的容错环境呢？

容错的第一层意思就是允许犯错，主观上包容孩子因能力问题而造成的错误。孩子的生活中，每天都会上演不同的小失误：从不小心把东西打翻了、弄脏了新衣服、弄坏了新玩具，到忘记带学习用品、考试成绩不够理想等。这些小失误真不是孩子故意为之，如果大人每次都要揪着这些小失误教育孩子一番，那孩子每天面临的就是一个很严苛的生活环境，孩子每面临一件事情都要思考一下做这件事情的风险：会不会惹怒父母。因此，大人要放宽心，宽容地对待孩子的失误，要允许孩子出现失误，甚至犯错。

容错更深层的意思是帮助孩子从错误中学习，客观上建立机制容纳可能发生的错误。比如刚会爬的孩子开始对家里的插座感兴趣，但是孩子在认知上并不知道其危险性，这个时候就需要我们想办法建立一种机制，保证孩子即使发生了失误，由失误带来的后果也是我们可以承担的。比如，父母可以给家里安装防触电保护盖，这就是一个很好的错误控制机制。总之，我们需要预先知道孩子面临的挑战是什么，然后想办法帮助孩子减少在这类问题上发生失误的概率，或者将失误带来的危险和伤害降低。

因此，一个真正容错的心态，应该包含两个检验标准：一个是看到孩子这一次比上一次进步的地方并加以肯定，而不是盯着他又犯了同样的错误。另一个标准是这个过程中双方的心情都是愉悦的、放松的；如果不是，那就不是真正的容错环境。

2. 孩子“爱撒谎”，父母也需要检讨

撒谎也是育儿的一大难题。隐藏在孩子撒谎行为背后的原因有很多，而害怕承担后果则是撒谎最主要的诱因。撒谎的孩子大多数时候是由于没有信心面对父母的指责和批判，为了维护自己在他人面前的形象，维护自尊心，才选择撒谎。因此，面对撒谎的孩子，父母需要检讨一下自己的行为是不是导致了孩子爱撒谎。

小勇很喜欢沐浴液打出的泡泡，每次洗澡他都要在浴室里面玩很长时间的打泡沫游戏。结果没几天就用完了一整瓶沐浴液，妈妈有点生气地批评他浪费。后来小勇养成了一个习惯，用几天洗发液、沐浴液就要往里面加水，以免被妈妈发现。等妈妈真的发现时，他又矢口否认，说自己也不知道是怎么回事。

撒谎本身是一个很严重的品格问题，它需要父母去指正，去帮助孩子解决这个问题。尽管我们不能纵容和接纳孩子的撒谎行为，但我们仍需要接纳孩子的情绪和个性，在此基础上，要弄清

楚孩子撒谎背后的原因。一般来说，孩子撒谎的原因大多是出于以下几种情况：

（1）害怕后果，掩饰自己犯下的错误，如喜欢玩泡沫的小勇撒谎只是为了避免受到指责。

（2）攀比心理。渴望被认同、渴望和别人一样。

（3）为了逃避父母的要求，如过高的学业期待。

（4）同伴或家人的影响，比如爸爸妈妈日常交流时也会撒谎。

当我们用上述几个可能性去排查孩子的行为时，往往很快就能找到答案，在此基础上，父母就可以有针对性地帮助孩子改掉爱撒谎的习惯。尤其是当孩子是因为害怕承担后果而选择撒谎时，父母就要反省自己是不是没有给孩子创造一个容错的空间。当孩子信任父母，相信即使犯错也不会被攻击、羞辱和谩骂时，孩子就会有勇气去反思自己犯的错，把精力更多地用来关注怎么弥补错误，而不是逃避、撒谎，拒不承认。

在家庭关系中，父母最重要的职责是创造宽松、容错的家庭氛围，让孩子感到安全，重点在于做到以下几点：

首先，在孩子出错时就事论事，不攻击孩子的人格。

其次，澄清孩子撒谎时的心理状态。

再次，赞扬孩子为了挽回错误而做的努力。

最后，告诉孩子诚实更可以赢得别人的认可和赞扬。

家庭是一个系统，只有当这里面的每一个成员都相互给予力量，相互支持和鼓励时，系统才能运转得越来越好。因此，创造一个宽松的家庭氛围，不仅孩子会受益，其他家庭成员也会从中获得力量。父母拥有一种松弛、容错的生活态度也非常重要。从自己做起，对其他家庭成员，如孩子、伴侣和长辈都宽容一些，孩子耳濡目染，自然很快就能放松下来。当压力不存在了，孩子撒谎的行为也就不会出现了，自信心和积极性也会重新回来。

3. 给孩子松绑，走出“完美小孩”的幻想

如果孩子生活的环境一直很严苛，不仅会影响他的自信心，还会影响他面对挫折的反应，而且在这样的环境中，孩子还无法对自己容错，陷入完美主义的陷阱。一个陷入完美主义陷阱的孩子，遇事总是畏手畏脚，生怕出错，既害怕面对出错后来自外界的批评和指责，也无法承受失误本身给他带来的负面情绪，还会陷入“马虎”“不认真”“不小心”等的自我评判或自我开脱中。久而久之，这样的追求完美会影响孩子生活的方方面面。

雯雯在学习上最让妈妈费神的就是为她辅导作业。倒不是因为雯雯学不会而让妈妈头疼，而是雯雯每写一个字都要抬头找妈妈确认自己写的是否符合要求。只要妈妈没有给出反馈，她就停下来不动笔，和妈妈耗着。每次完成作业，她都要用比别人多一倍的时间。而且因为全程都需要妈妈陪着，也非常影响妈妈自己的生活安排。

雯雯妈妈白天工作一天，晚上回到家也想有自己的休息时间。像现在这样，一辅导作业，雯雯妈妈就得压制着心里的怨气，但孩子的情绪感受力又特别敏锐，一旦捕捉到妈妈语气里的不耐烦和失望，雯雯就开始大哭。雯雯妈妈找不到她出现这种情况的原

因，只是这样辅导作业的场景每天都要上演，非常消耗亲子之间的感情。

我们都希望孩子有向上进取的心态，但像雯雯这样，正常的学习写字都深受完美主义的困扰，就另当别论了。雯雯妈妈虽然说不清楚雯雯的不确定和不自信来自哪里，但她反思之前与雯雯的相处模式，还是发现了不少可能的原因。例如，雯雯刚开始写字时，妈妈习惯于及时指出孩子哪个字写得不好，把这个字圈起来，或者干脆拿橡皮直接擦掉；雯雯做计算题时，妈妈要求她一个字一个字地读题目的要求，而且必须读出声音。雯雯妈妈认为，刚开始正式学习，她这样严格要求能让孩子一开始就养成好的学习习惯，但结果却适得其反。

在另一些时候，孩子的完美主义会体现在爱攀比、不允许自己的表现不如别人等方面。

婷婷上幼小衔接班了，为了提前为小学的体能要求做准备，幼儿园在一些体育项目上也有了具体的标准。

幼儿园在跳绳上的要求是跳 60 个 / 分钟。有的小朋友很快就在老师的指导下达到了要求，但这对婷婷来说是一个巨大的挑战。每次练习的时候，她都会因为跳不好而情绪崩溃。她不知道，别的小朋友都会，自己怎么就做不到。这种情绪体验每次都让跳绳练习变成很糟糕的一件事。

当婷婷陷入对自己的这种完美的要求时，婷婷妈妈充满智慧地向她解释现阶段她为什么跳得不如别人，帮助她形成成长型思维并慢慢重拾信心，婷婷表现得越来越好。

首先，妈妈跟她解释了在客观生理条件上婷婷面临的现状。

> “虽然你现在上幼小衔接班了，是幼儿园里的大姐姐了，但你和同班其他同学相比年龄偏小。当你们还小的时候，哪怕年龄上只差一两个月，在体能和智力发育上的差距也会非常明显。你现在身体的协调性和耐力方面不如其他同学，并不是因为你不努力或者是不够聪明，主要还是因为你的年龄小，相信再经过几个月的练习，你就能和他们一样了。而且，跳绳最后的考核时间是学期末，现在完全有时间抓紧练习，只要持续练习，你会一天比一天跳得好。”

其次，妈妈找到了一些具体的方法协助婷婷获得成功。她们一起去买了跳绳的绘本，从网上找了跳绳的视频，一边看绘本一边观察视频，一边分析动作，然后对动作进行拆分，一个动作一个动作地分步骤练习，最后才把动作组合在一起。

就这样，婷婷的成长型思维也慢慢建立起来了，也能坦然地面对自己现阶段的表现不如别人的这一事实。跳绳虽然很难，但只要每天练习肯定会越来越好。就这样，她每天在练习的过程中都会对自己有预判，今天跳了5个，明天可以连续跳到10个，这样坚持着跳了好几个月，后面跳到50个，100个，200个，最后成为幼儿园的“跳绳大王”。

像婷婷妈妈一样，我们说允许孩子犯错，允许孩子现阶段的表现没有那么好，不能仅仅只是停留在口头上，而是要实实在在地提供帮助，让孩子慢慢体验到成功感和能力感。只有这样，孩子才能慢慢建立起自己的容错机制和成长型思维，自信心和探索欲也会更强。

4. 四个互动技巧，打造允许孩子犯错的环境

在家庭里给孩子一个可以喘息和舒展的空间非常重要。只有被评判的压力越小，孩子才会越轻松，越愿意展现真实的一面，也才有可能真正拓展他自己。想让孩子越挫越勇，充满信心，父母可以从以下几个方面着手来帮助孩子：

首先，父母要有同理心，能将心比心地对待孩子的失误。孩子不是小一号的大人，大脑的很多机制尚未发育完全，做事情难免会顾此失彼。因此父母对待孩子要有足够的同理心，遇到孩子的失误，先设身处地地想一下孩子当下面临的挑战。如果父母能拥有这样一份同理心，就会对孩子的行为更加包容，容错的空间就能打造出来。当孩子越来越放松了，就越来越敢于面对生活中的难题和挑战，慢慢地，胆量和信心也会越来越强。

丁丁上二年级了，妈妈近段时间工作很忙，经常要很早出门，没有办法送他上学，因此丁丁妈妈想要他学会早上自己安排自己的时间。

前一天，妈妈认真向丁丁交代了上学前要注意的一些事情，比如锁门、关窗、检查电源是否断电、带上书包和学习用品等。

刚开始的几天状况频出，第一天，他忘记了戴红领巾；第二天，家里的电视机开了整整一天，妈妈下班才发现；第三天，丁丁又把钥匙反锁在了家里。但妈妈在丁丁出现

这些情况后，没有指责他，而是想办法和他一起解决失误。后来，丁丁妈妈在桌子上放了一沓便签纸，每天在最上面写上出门前要检查的事项，后来丁丁真的没有再犯同样的错误了。

慢慢地，丁丁早上出门越来越有条理，能把妈妈交代的事情都检查一遍才锁门上学，自己的学习用品也很少忘记带。

丁丁成了班里少数几个可以自己独自去上学的孩子，这些信心也迁移到了他的学习中。丁丁认为自己可以处理好很烦琐的班级事务，从没有当选过班干部的丁丁在这学期新竞聘了生活委员，把班级里的事情处理得很妥当，也受到了老师和同学的赞扬。现在的丁丁到处洋溢着自信的光芒。

丁丁妈妈这样的信任和容错给了孩子很大的力量，鼓励他下一次做得更好。在亲子关系中，父母以平常心看待孩子的失误，少一些指责，多一些信任和帮助，会让孩子越来越相信自己。

其次，当错误发生时，把精力放在解决问题上。孩子犯错了，父母说一句“错了没关系”很重要，但更重要的是后面的引导和具体的帮助，帮助他从错误中吸取教训，或者启发他去思考更多可能，继而引导他去做不同的尝试。用成长型思维去引导孩子，启发孩子遇到问题有不同的解决办法，下次遇到我们应该怎么解决，或者下次怎么避免类似的情况，如果我们遇到了怎么解决比较好。每一次错误都是一个学习的机会，帮孩子抓住学习的机会，而不是揪住错误本身。

比如孩子在做作业的时候总是做错同一类题，我们应该先考虑导致做错的原因是什么，是不是他对这类题理解得不好，或者与同龄人相比其实这道题已经超出了他的能力范围；而不是先从“态度”的角度去批评，比如“这个不是错过好多次了怎么还错”“别人会你怎么不会”。分析找到问题的原因后，可以通过建立容错的机制来缓和直到消解错误，比如建立错题讲本，或者通过适当降低难度来找到舒适区和挑战区帮他建立信心等。

再次，不过分追求标准答案。很多父母在辅导作业时，会下意识地说：“这么简单你都不会。”或是“这道题不对，你再好好想想。”我们从小接受的教育就是凡事追求一个标准答案，学校布置的作业，即使是开放性题目，也会设置一个标准答案，这就束缚了孩子学习的积极性。有时候孩子原本想去学习各种各样的知识，但担心被人批评没用或者害怕犯错，而束手束脚不敢尝试。这样的孩子怎么能勇敢地接受挑战呢？

在应试教育的体制下，短期内这种情况还会一直存在，因此，如果大环境是一个追求标准答案的环境，我们又无力改变，至少我们应该在家里鼓励孩子的想象力，鼓励他们多方面尝试，允许他们有不同的答案和想法。在家里面给孩子一个宽松容错的环境，而不是和学校教育合力给孩子施加压力，孩子眼下学的题目不会又有什么关系呢？不要纠结眼下，而是看长远一点，引导孩子的学习兴趣，构建良好的亲子关系，给孩子一个好的学习氛围，让孩子愿意学。

最后，父母适当示弱和认错也是创设容错空间的一个关键点。只要是人，就会犯错，父母也一样，小到忘记履行给孩子的承诺，大到误解了孩子的行为，这些都不重要。重要的是让孩子看到，我的父母也会犯错，犯错后，他们勇敢面对错误、积极想办法补救，那么，我也可以勇敢一点，即使错了也没什么大不了。

中国父母有一个执念，那就是不能丧失在孩子心中的权威，因此事事都要做到完美，力争成为孩子心中完美的父母，以至于让中国父母向孩子道歉也变成了一件不太容易的事情。但太完美的父母只会让孩子感到压力，勇敢承认自己的失误反倒是给孩子树立了一个榜样——做真实的自己。如果父母自己都不敢正视错误、承认错误，不去采取补救措施，又怎能指望孩子知道错了并不可怕呢？

3 岁的一一，最近迷上了建构磁力片，但由于经验有限，他建构的房子总是会倒下来，一一感觉非常挫败。后来爸爸加入了一一的游戏，过程中适时向一一示范怎么能让房子的结构更稳固，也会时不时地有意让房子倒下来。当一一看到即使是爸爸也会失误时，他对自己宽容多了，逐渐接受了自己的房子有时会倒下来，而且就算倒了，他也不再发脾气了。

一位妈妈跟儿子一起看篮球比赛，儿子的偶像前两次示范都没投进，妈妈故意说："哎呀，你偶像两次都没投进呀！"然后儿子来了一句："没关系啊，没有谁可以百发百中。"妈妈欣慰地发现，孩子已经有了容错思维和成长型思维了。

回顾本节

孩子的一系列退缩行为，不管是孩子撒谎、一蹶不振，还是不敢尝试，都与孩子的生活环境是否容错有很大关系。如果孩子生活在一个允许错误发生的环境中，孩子会越来越自信；相反，如果孩子觉得畏手畏脚，不敢尝试，自信心也会越来越弱。本节主要阐述了：

❶ 真正的容错有两个含义；一是允许错误发生；二是聚焦解决问题。

❷ 父母要有给孩子创设容错空间的意识，当孩子出现一系列退缩行为时，先反思自己的养育环境是不是需要改进。

❸ 随着孩子的成长，他自己也要建立起容错的思维和机制，允许自己犯错，允许自己慢慢成长。

❹ 在家打造容错环境的四个要点。

小测试
孩子的自尊水平处在什么位置?

请父母仔细阅读每一条，判断该行为是否非常符合（5分）、基本符合（4分）、不太符合（3分）、有些不符合（2分）和非常不符合（1分）自己的孩子，其中标记带“*”的题目需反向记分，分值越高，孩子的自尊水平越高。该量表适合3~12岁孩子。

1．他认为自己长得漂亮，穿得也漂亮。

2．他愿意在你面前表现自己，想获得你的赞许。

3．当因为学习好而得到表扬时，他会很高兴，觉得自己比别人强。

4．他很想让别人知道他内心的感受或想法。

5．他在学习或活动中，表现不是很积极。

6．当别人说他长得不好看或穿的衣服丑时，他会感到难受。

7．如果同伴受到表扬，他会不甘示弱，更加努力表现。

8．在学习或其他活动中遇到问题或麻烦时，他都能应付得了。

9．在比赛中，他总是对比赛结果很在意。

10．在学习、体育等各项活动中，他总能取得好成绩。

11．当别人夸他长得漂亮时，会觉得很开心。

12．当他在学习或活动中表现出色时，他总是想法设法让你知道。

13．当穿新衣服或梳了新发型时，他总是在大家面前晃来晃去，期望得到他人的夸奖。

14．当他在学习或体育、游戏活动中取得成功时，他会很得意。

15．对学习、体育、游戏活动充满了热情，积极性、主动性很高。

16．他觉得你对他的印象很好，所以自己很得意。

17. 班级中学习好或活动成绩好的同学都愿意和他在一起。

18. 当受到不公平的对待而感到委屈时，他会为自己辩解。

*19. 他经常感到自己的学习或活动能力不如别人。

20. 他在同学中很有威信，人家都喜欢听从他的主意。

21. 每当学习一门新课时，他都会比别人学得好。

22. 总爱寻求别人的注意与肯定，如总说“这是我做的”“这是我画的画”“我会做……”“我能做……”之类的话。

[以上量表来自儿童自尊量表（CSES），2015年由张丽华改编制成]

第3章

给孩子爱和支持，在家庭中收获自信

“从摇篮到坟墓，人生最幸福的时刻，就是以依恋对象提供的安全基地为港湾，进行的或远或近的一系列远航。”

——约翰·鲍尔比

3.1 父母的两大法宝和三波力量

1．爱的第一个法宝是信任：孩子从信任父母走向信任自己

信任在人际关系中很重要，它让人变得更加开放和愿意付出。在各种信任关系中，孩子对父母的信任更为重要。如果亲子之间的互动是积极、温暖、有爱的，孩子就能建立起这份生命最初的信任感和来自父母的安全感。孩子从相信父母开始慢慢过渡到相信周围的环境，让他感觉自己生活的环境是安全有保障的而不是充满威胁的，让他有勇气和信心去面对未来更广阔的世界。

孩子从信任父母走向信任自己。从出生开始，孩子就通过观察来学习与周围的人互动。3个月以内的孩子对妈妈的脸最有兴趣，通过与母亲的互动学会社会性微笑。3～6个月的孩子，当妈妈对孩子微笑、玩他的小手小脚时，孩子也会回应微笑、牙牙学语、挥手蹬脚，通过这种双向互动建立安全依恋感。8个月以后孩子会爬了，他的活动能力和范围逐渐拓展，不仅仅从父母和其他人的互动中探索外部世界，而且会把父母作为参照物，通过观察父母的表情和反应来寻找社交线索，然后决定他怎么对待不熟悉的人或事物，由此孩子建构起一项非常重要的认知方式——社会参照。

社会参照是指当孩子面临非常不确定的环境时，他会下意识

地去观察周围的人，尤其是他信赖的父母的面部表情和反应。如果父母的神态是放松的、愉快的，孩子更有可能去探索新环境。相反，如果父母表示出了焦虑不安和恐惧等情绪，孩子往往也会选择退缩到母亲身边。对社会参照最有力的证明是美国心理学家R. D. 沃克和 E. J. 吉布森在 1960 年设计的“视崖”实验。该实验最初是用来探知婴儿是否也会有深度和高度知觉，并对此有所反应。但随着实验的推进，研究人员发现了更深层的意义。

吉布森设计了一个人工悬崖——“视崖装置”来进行测试。这个装置是一大块玻璃平台，中间放有一块略高于玻璃的中央板，把婴儿放在这个狭小的中央板上。板一侧的玻璃上铺有一块黑白棋盘图案的布，因为它与中央板的高度相差不多，看起来就像一个“浅滩”。在中央板另一侧的玻璃下面约一米处铺上同样棋盘图案的布，给婴儿造成一种错觉，这一边似乎是“悬崖”。

吉布森刚开始选择了 30 多个 6 个半月到 14 个月的婴儿进行实验，她将婴儿放置在视崖的中央板上，让母亲交替站在视崖的深侧和浅侧召唤自己的孩子爬向她们。最初的研究结果是，有 27 个婴儿愿意从中间的平台爬到“浅滩”上，仅有 3 个孩子能够“冒险”爬过“悬崖”来到母亲的身边。吉布森还发现，当母亲在“悬崖”这边召唤孩子时，他们中的绝大多数非但没有爬向母亲，反而朝反方向爬，其中有一些孩子则是探头看看“悬崖”，又抬头望望母亲，哭叫了起来。

婴儿在“视崖”面前的表现说明了孩子与成人的情感交流对孩子知觉品质、情绪行为的发展具有十分重要的价值。婴儿具有深度知觉后，在“视崖”面前会犹豫不决，此时，如果母亲对他微笑、点头表示肯定、鼓励，他就可能勇敢地越过悬崖，爬向母亲那边，如果母亲表现出害怕的表情，婴儿跨越过去的可能性就小得多，甚至可能哭起来。从埃莉诺·吉布森的实验结果可以发现，信任的亲子关系和社会参照在养育孩子过程中非常重要。父母不经意间焦虑、紧张的表情会对孩子产生很大影响，会让孩子认为世界是不安全的，或者说危险随处可见，孩子就会慢慢变得胆小，逐渐失去探索世界的兴趣和信心。因此，父母应该珍视孩子的这种信任，传递正确的信号，而不要滥用或者破坏这种信任关系。

天天 3 岁了，活泼好动，一刻都不闲着。这天，妈妈带他去公园玩，一不留神，天天就跑开了。妈妈急忙把天天拉回来，并告诉他：公园里到处都是坏人，再乱跑的话，当心被坏人抓走。听了妈妈的话，小天天半天再也没离开妈妈的身边。

很多父母都会犯天天妈妈这样的错误，为了带孩子时能省心一点，随口就拿外面的世界有多危险来吓唬孩子。孩子出于对父母的信任，自然相信妈妈的话都是对的。当一个孩子感到自己所处的环境充满威胁时，他自然会变得越来越胆小、懦弱。

父母的信任、宽容激起孩子的责任感和自信心。在亲子关系中有这样一种说法：第一次，父母 100% 相信孩子，结果孩子的表现只达到了预期的 30%，如果父母继续相信孩子，第二次他的表现能达到预期的 60%，在这个基础上，如果父母继续相信孩子，孩子的表现往往超出预期。但事实上，很多父母在第一次看到孩子的表现后，后面就选择了不再信任。

媛媛上小学了，妈妈认为自己应该给孩子一些信任，相信她能管理好自己的零用钱。因此今年春节的压岁钱，妈妈和媛媛商量之后就交给她自己管理了。

一个星期之后，妈妈发现媛媛回家之后胃口小了很多，吃什么都只吃一点。有一天，妈妈在整理媛媛的书包时，从里面发现了一个薯片的包装袋。妈妈一下子就明白了她最近食欲不佳的原因，一定是用零用钱买了很多零食吃，而这些零食平时在家里都是被禁止的。

妈妈很生气，认为媛媛这样偷偷摸摸吃零食的行为非常可耻，媛媛的表现太让她失望了，对媛媛一顿训斥后就没收了媛媛的压岁钱。

媛媛非常难过，但更多是觉得羞耻和无能。

媛媛妈妈的表现，既没有表现出同理心，设身处地地去思考孩子行为背后的动机，也没有显示出亲子相处中的容错，一下子就把孩子全部否定了，还收回了自己对孩子的信任。恰恰是这收回去的信任极大地打击了孩子的自信心，损害了她的自尊心，并让一些非常负面的情绪充斥着孩子的内心，让孩子开始怀疑自己的能力、否定自己的价值。

像媛媛偷偷买零食吃这件事，妈妈的失望很大程度上是认为她没有自控力，但有时候问题的根源并不是孩子没有自控力，而是亲子之间的信任关系没有建立好。在著名的棉花糖实验里，研究人员后来认真分析了那些可以“延迟满足”的孩子背后的家庭环境。最终发现，这些孩子不管经济条件如何，亲子关系都非常融洽，父母和孩子之间建立了很强的信任关系。因为相信父母能够兑现诺言，因此他们在面对一些承诺时，也更愿意相信这些承诺会被兑现。相反，如果没有足够的信任基础，孩子不确定被赋予的权利什么时候会被收回，自然会做出当下最能满足自己的选择。

真正有同理心的父母会试着理解，孩子之所以偷偷吃零食是因为日常能从父母那里得到这样的机会太少了，现在好不容易有一些自主权了，选择偷偷地买点零食吃也是很正常的事情。当父母以平常心去对待孩子的一些错误，给他讲清楚吃零食背后的危害，并且商定出一些具体可行的措施，来防止吃零食过量，最后表达出对孩子的信任，让他有机会去弥补、修正自己的错误。做到以上这些，既保护了孩子的自尊心，也显示出了父母的信任，而正是来自父母的信任让孩子发展出了责任感和自信心。

2．爱的第二个法宝是接纳：被父母全然接纳的孩子才会悦纳自己

> 近日，四川宜宾，一名 12 岁男孩跳《只此青绿》的舞蹈引起网友热议。视频中，男孩身姿婀娜，步伐轻盈，舞姿让人赏心悦目。很多网友表示，虽然跳的舞蹈很美，但男性还是应以阳刚之美为主。孩子妈妈郭女士却说："我觉得没什么，就是小孩的兴趣爱好，生活中他又不是那种'娘'的感觉。"

真的要为男孩的妈妈点赞，她理解孩子对舞蹈是真的热爱，没有否定孩子，让孩子把喜欢的舞蹈坚持下去。同时，这个孩子也是非常幸运的，他在父母的尊重下，找到了自己的乐趣，发现

了自己真正喜欢的东西。有了父母的支持，孩子的潜能才会被最大限度地激发，从而有所成就。也就是说，**被父母全然接纳的孩子才会悦纳自己，有更大的信心面对未来**。

但真实生活中，很多父母还是会无意识地做出与接纳孩子背道而驰的事情。我们经常听到家长说：

“我都说了多少遍啦？你怎么还是做成这样？”（指责）

“你看看你们班谁谁谁，再看看你自己！”（比较）

“这么简单的题你都不会，你上课的时候在干什么？”（抱怨）

不接纳的父母最先都是从几句唠叨开始，到最后情绪失控，严重的还会出手相向。孩子则在不被接纳中，变得胆小，变得懦弱，慢慢学会了抵抗。当一系列行为出现时，孩子也就变得越来越对抗家长了。

当我们不接纳自己的孩子时，他们会因为爱我们而顺从我们的想法，但把我们的标准和价值观内化了之后的孩子，会因为这些标准和价值观跟他们内心最本真的自己有强烈冲突，日复一日地体验着痛苦、迷茫、沮丧、愤怒等情绪。当一个人的全部精力都被用来调节这些矛盾时，还哪里有精力去成长、去绽放、去成为最好的自己呢？因此，只有被父母接纳的孩子，才会把经历用在成长和完善自我上。那么我们到底接纳孩子的什么呢？

首先，接纳就是尊重孩子的差异。允许孩子的性格、爱好、能力、个性等跟别的孩子不一样，对孩子的期望要符合他的身心发展阶段。当我们讲到孩子先天的“出厂设置”就各有不同时，我们知道孩子是独立于父母之外的人，他们有着自己的思想、情绪、喜好和特点。当他们表达不同于父母的想法、情绪，有与父母不同的喜好和特点时，父母也需要用开放的心态去看待、理解和接纳，而不是排斥、否定。只要让孩子把自己的天性释放出来，孩子自然而然就发展出了自信。

其次，接纳就是允许孩子犯错误。长大就是在不断犯错中跌跌撞撞完成的。如果孩子能从父母那里感觉到犯错是被允许的，他会更有勇气和信心去面对挑战，而父母所做的就是帮孩子弥补错误和汲取经验。

最后，接纳就是允许孩子体验所有的情绪。允许孩子有不好的感受，比如烦恼、焦虑、愤怒、害怕、孤独、自卑、无聊、抱怨等，而不仅仅是积极的情绪，比如快乐、自豪、幸福、满意、乐观等。父母所做的就是帮孩子疏导，当真的出现问题时，考虑孩子的感受优先于讲道理。

一个真正被接纳的孩子，在生活中会呈现出两种状态：

无论孩子做什么，他都认为自己是安全的。孩子内心的这份安全感来自父母对自己的信任，更来自父母的接纳；当孩子在面对挑战时，没有顾虑，没有担忧，不怕犯错，无惧结果，他才会一往无前，内心绽放自信的花朵。

无论输赢，孩子都认为自己是有价值的。这份价值感来自父母的评价、肯定和鼓励，拥有成长型思维、有稳定的高自尊的孩子，更加在意做事的过程，也不会被偶尔的失利羁绊。

3．三波力量塑造了一个充满信心的孩子

《游戏力》的作者劳伦斯·科恩认为，在孩子成长的过程中，有三种天然的力量推动着孩子走向自信，而父母正是这三波力量的发动者。在不同的年龄阶段，虽然亲子之间的互动方式不同，但每一次都是父母为孩子的成长提供了一波又一波积极的力量，

最终塑造了一个充满自信的、阳光乐观的孩子。

孩子的第一波自信力来自年幼时得到的精心照料。研究母婴关系的美国精神分析学家唐纳德·温尼科特认为，一个合格的照料者可以让刚出生的孩子感受到自己拥有像神一样的力量，他们无所不能：我一哭，就能喝到奶；我一笑，就有人跟着笑。“他们凭借着弱小可爱和楚楚动人的样子，就足以从照料者那里换取可口的食物，安全的庇护，以及无私的爱心和关怀。由此，婴儿获得了对于这个世界最初的信心。”

然而并非所有的孩子都能获取到这波力量。因为各种各样的原因，有些小婴儿的照料者并没有给他及时的回应，于是小婴儿发现：我哭，没有得到回应；我笑，同样没有回应；我想要某样东西，它也没有出现……当孩子发现自己无论多么努力，都改变不了自己的处境时，他就会选择放弃和回避，为了避免体现这种糟糕的无力感，孩子开始变得精神不振、垂头丧气，失去与外界互动的信心。

因此，婴儿期的高质量互动对孩子一生安全感和自信心的建立都非常重要。在这个时期，孩子的任何学习都是通过亲子之间的互动获得的。这个时期，亲子之间的身体接触，彼此间眼神的交流，声调的高低变化，都在向孩子传递着这个世界上最重要的知识——这是一个什么样的世界。父母温和耐心、充满爱意的互动让孩子确信这是一个友好的、安全的世界。相反，父母的冷漠和面无表情让孩子认为这是一个糟糕的世界，而自己也是没有价值、不值得被关爱的。

孩子的第二波自信力来自自我意识的出现。2 岁左右，孩子处在蹒跚学步期，他开始对别人说“不”，并坚持自己的意见，他逐渐意识到自己是个独立的生命个体。如果这种力量感得到尊重，而非被权威镇压，那么成长中的孩子就可以维护他的自我认同，产生积极的自我概念。当他发现自己可以和别人不一样，自己的想法会被倾听和尊重时，孩子的第二波自信力逐渐形成了。此时，如果处理得当，孩子会以惊人的速度学习新东西，使自己融入世界。只要仔细观察学步的孩子多么关注游戏板、攀爬设施或者团体游戏，你就会看到他们每分每秒都在发展自信力和竞争力。

孩子的第三波自信力来自父母的积极评价。弄明白自己是一个什么样的人、自己的能力边界、自己在群体当中的位置，是孩子成长路上最大的一个课题。从幼儿园开始，一直到青春期，孩子不停地在学习，玩游戏，吊单杠，交朋友，还有读书写字。各种各样的新鲜事物与形形色色的陌生人，每天都在以不同的方式撞击着他们那颗稚嫩的心灵，产生或正面或负面的反馈，有的孩子信心日益增长，有的却意志日渐消沉。

孩子怎么知道自己是一个什么样的人呢？答案是来自别人的评价，尤其是最亲近的父母的评价。当父母用积极的语言描述他们的品格、用接纳的态度面对他们的怪异想法、用容错的方式包容他们的过失、用成长型的思维方式引导他们看待问题，孩子就能发展出全面、积极的自我概念，能在群体中找到自己的位置，认同自己的价值、相信自己的能力。在与父母日复一日的互动中，孩子拥有了迈向自信的第三波力量。

4. 为孩子构建安全环路，给孩子的“自信瓶”续杯

英国依恋理论的鼻祖约翰·鲍尔比发现，对父母的适度依赖是孩子健康成长的重要条件。如果父母能够与孩子产生同理心，

及时对孩子的需要做出回应，他们就为孩子的从容自信奠定了基础。正如鲍尔比所说："从摇篮到坟墓，人生最幸福的时刻，就是以依恋对象提供的安全基地为港湾，进行的或远或近的一系列远航。"

也是在鲍尔比依恋理论的前提下，肯特·霍夫曼、格伦·库珀等人在其合著的《养育有安全感的孩子》一书中又提出了一个新的亲子关系概念——安全环路，它由安全基地、探索过程、安全港湾三个部分组成，形成一个闭环和不断循环的环路（见图 3-1）。

图 3-1　安全环路

在这个亲子关系的安全环路中，父母为孩子打造的**安全基地**让孩子有勇气去探索，也是孩子的力量来源。亲子关系中获得的安全感会使孩子得到向外拓展的能量。一个孩子，当他的需求被看见并被及时回应时，他感到自己值得被爱，他有值得信赖的保护网，且无论如何不会被抛下。那么在这个基础之上，这个孩子就可以走出去探索、去发现。此时，妈妈就成了孩子的“安全基地”。

在孩子探索过程中，父母虽然没在身边，但仍需要远距离地通过身体语言回应孩子的情感需要，如目光注视孩子，给予肯定和鼓励。

安全环路的另一头是**安全港湾**，它让孩子在疲惫的时候有所依赖。当孩子在探索过程中遇到困难、委屈或感觉疲惫时，他们会想要回到妈妈身边，寻求安慰、温暖和依靠，此时的妈妈就是孩子的“安全港湾”，如同迎接远航回来休憩的船。

这个亲子关系的环路告诉我们，成为孩子的安全基地和安全港湾是多重要的一件事情。那些长大后从容自信的孩子，年幼时往往都有一个温柔体贴的父母，他们喜欢与孩子进行拥抱之类的亲密接触，而且能够及时关注孩子的哭声并安抚他们。

在描述亲子之间理想的关系时，除了安全环路，游戏力养育的提出者——科恩，还使用了“续杯”这个概念。在他看来，父母的职责除了为孩子搭建这么一个充满能量的安全环路，还应该在孩子探索过程中遇到挫折时，及时给孩子的“自信瓶”里续杯。

“当孩子饿了、累了、寂寞了、伤心了，那么他就需要有人照顾、抚慰，就好像他那个水杯空了，需要加水一样。孩子的父母或者其他照料者，就是那个大蓄水池。孩子每次探险，都从蓄水池出发，探险结束后又回到蓄水池歇息。大人除了食物和抚摸外，安慰难过的心情、一起玩耍，以及交流谈心，都能起到蓄水的作用。”

当然，并非所有的父母都有能力给孩子的能量瓶里续杯，**续杯的首要前提是自己的蓄水池是满的，自己有水可以给孩子**。这就意味着，当我们想要传递给孩子一些价值观，无论是成长型思维、积极的事件解释模式，还是稳定积极的情绪，作为父母首先要自己拥有这些品质。例如，我们不能一方面嘴上说着我允许孩子犯错，一方面又绝不面对自己有失误。

给孩子续杯的第二个前提是真心接纳从外面返航回来充电的孩子。孩子离开安全基地外出并非每一次都是美好的体验，他们会被拒绝、被忽视，感受失败和沮丧，每当这时，他们就需要返回父母那里去重新获取力量。但因为各种原因，并不是每一次孩子返航时，父母都能做到真心接纳。比较明显的一个例子就是，父母总觉得孩子太过黏人，嫌弃他们探索时间短，嫌弃他们不够独立和勇敢。因此在孩子返航时总会忍不住抱怨、指责或是无意识地流露出失望的态度。事实上，正是父母的犹豫和没有全然接纳，才让孩子变得不确定，他才要一次又一次地返回安全港湾确认父母的爱，孩子的杯子也自然需要不断被续杯。

与此相对照，那些被好好续杯、具有安全依附感的孩子可以安慰自己，可以解决自己的情绪问题，能够集中注意力，与同伴形成良好的联结，对自己和世界有积极的看法，慢慢地他们学会了从朋友那里、从生活兴趣中、从掌握新知识的过程中，自己蓄满他们的杯子，变成一个内心有力量和有信心的孩子。

回顾本节

在培养孩子的自信心时，父母有天然的两大法宝和三波力量，只要掌握了这些互动方法和原则，父母就能为孩子构建一个稳固的安全环路，让孩子充满信心地面对生活。本节主要阐述了：

1. 通往自信的第一个法宝是亲子之间相互信任。孩子把父母当作探索世界的参照物，父母对孩子的信任让孩子更加拥有责任感和自信心。

2. 通往自信的第二个法宝是来自父母的全然接纳。接纳孩子的与众不同、接纳孩子的所有情绪，还要允许孩子犯错。

3. 在孩子成长的过程中，有三波天然的力量让他通往自信的道路。第一波力量来自婴儿期得到的照料；第二波力量来自孩子的自我意识被尊重；第三波力量来自父母的积极评价。

4. 给孩子的成长构建一个安全环路，让他既有勇气和信心离开安全基地去探索，也要允许他在受挫时及时回到安全港湾续杯、充电。

3.2 亲子沟通有技巧，自信不是夸出来的

有位心理咨询师接诊了一个5岁的小女孩。小女孩一直不愿意开口和父母说话，只是每天躲在房间里，对着一只毛绒玩具自言自语。父母以为女儿有什么问题，焦虑万分，赶忙带着她四处求医。好几次心理治疗过后，小女孩终于说出了实情："因为玩具不会开口骂我……"

案例中的小女孩总是被父母苛责和否定，最终不仅失去了生活的信心，也失去了基本的语言沟通能力，与父母的关系也走向破裂。生活中，父母使用什么样的语言和态度跟孩子沟通，会直接影响孩子如何定义自己。想要孩子内心有力量，自信从容地面对生活，父母需要注意日常与孩子的沟通方式，把握一些基本的沟通原则，掌握一定的沟通技巧，避免因沟通方式不当而导致亲子关系产生隔阂，进而毁掉孩子对世界的信任和自信心。

1. 不自信的孩子往往"话里有话"，读出隐藏含义很重要

孩子写作业拖延可以说是很多家庭共同面临的一个难题。学校老师留的作业，在父母看来，不过是十几分钟就能完成的事情，但到了孩子这里，他们每天都要在作业上耗几个小时，甚至到了

睡觉时间还依旧完不成。表面上看，写作业慢、拖延都是孩子的问题：他们不会时间管理；他们懒，不想快点完成任务；他们就是要故意挑战父母的耐心……。但事实上，所有孩子不可爱的行为背后都隐藏着一个需要帮助的困境。

深陷困境的孩子们，急需成人提供一些具体的支持和帮助，将他们从这些麻烦中拉出来，但遗憾的是，很多孩子没有勇气表明自己的需求，甚至会掩饰自己的真实需求。这种情况，在自信心不足的孩子身上更为常见。

早上闹钟响了，刚进入小学的平平一直赖在床上装睡。后来勉强起床了，洗脸刷牙的时候，她也是慢吞吞的，一脸不开心。吃过早餐，该出门去上学了。

平平说："妈妈，我肚子好疼，你给我请个假吧？"

"肚子疼？让妈妈看看。"平平妈妈仔细检查了平平的身体，确定她身体没什么问题："咱们今天有点慢，妈妈上班快迟到了，要不我先把你送学校，你如果肚子疼了，让老师打电话给我，我接你回来。"

平平听完之后，号啕大哭："我不要去学校，我肚子疼，我都快疼死了。"

妈妈深呼吸了几口，冷静下来。以妈妈对平平的了解，妈妈知道她一定是在学校遇到了不开心的事情，接下来就是想办法引导她说出来："平平，你的肚子是刚刚开始疼的吗？昨天在学校的时候有没有疼？"

"昨天有一点点疼。"

"是上午吗，还是下午？你有没有跟老师说？"

“我没有说，老师没在教室。”

“你是不是担心今天去上学肚子还会疼？”

听到妈妈的话，平平情绪激动地大声说：“今天上午有体育课，老师会让我们先在操场跑两圈，我如果肚子疼，肯定跑不完，我就完蛋了。”

“这样啊，妈妈知道了。如果你需要我跟体育老师说一声，我一会儿会给他发个信息。”

平平听到妈妈的话，放下了担忧，背起书包乖乖去上学了。

良好的亲子关系是父母倾听孩子真实想法的前提。如案例中的平平，刚刚进入小学的孩子，在面对纪律比较严格的学校环境时，常常会变得胆小退缩，不敢跟老师表达自己的需求。有时候是身体上的不适不敢说出来，有时候是情绪上受到打击未得到安抚，但不管哪种情况，他们的行为都会出奇的一致：第二天抗拒上学。还好，平平和父母之间的关系充满信任，即使平平暂时还没有勇气在外面大声表达，但妈妈总能有办法知道她的真实需求，打消她的担忧和顾虑，让她勇敢地走出家门。

作为父母，我们唯一重要的工作就是让孩子真实且无条件地信任我们。不管外面的世界如何，孩子回到家之后，他们可以始终拥有一个畅通无阻的亲子沟通渠道。父母的智慧就在于透过孩子的行为和语言，发现被隐藏起来的真实需求，进而为他们提供具体的帮助。

2. 不让“别人家的孩子”成为成长中的噩梦

成年后的我们在回顾自己童年时期的家庭教育历程时，一个最挥之不去的阴影就是父母口中那个“别人家的孩子”了。新生代的父母大都是在这个童年噩梦里成长起来的，因此大部分父母已经具备了基本的觉醒意识：少拿孩子和孩子做对比。

但实际生活中，当我们面对自己的孩子时，那些原本我们想要尽力避免的话，却总是下意识地跑出来：“你看你们班的那个……”拿自己的孩子跟别的孩子比怎么会拥有这么强的魔力？我们为什么无法摆脱这个成长中的噩梦？答案是：这些下意识的比较并非毫无意义，如果使用得当，比较并不会成为童年的噩梦。

人是社会性的动物，生而为人，就一定会和周围的其他人产生关系，人们正是在和他人的相处交往中通过比较认识自我的。通过对比，一个人可以了解自己在人群当中哪些是自己擅长的，哪些是不如别人的，找到自己在不同场合和不同人群中间的准确位置。因此比较本身没有错，关键是比什么，怎样比。

首先，比什么。比较当然是要和更好、更优秀的部分去比，我们想要自己的孩子看到他人好的能力、品质，产生想要孩子向他人学习的意愿，学习他人的优秀的品质、性格、能力等，比如落落大方、乐观积极、坚韧不拔、有同理心、低调谦虚、热爱学习、有很强的自驱力……

其次，怎样比。这是一个很有智慧的话题，很多父母也正是因为没有把握比较的底层逻辑，才让孩子的童年一直生活在“别人家的孩子”的阴影之下。总体来说，想要引导孩子“见贤思齐”，只要把握下面的这四个原则即可。

原则一：对事不对人，这意味着当我们拿自己的孩子和别人做对比时，需要人和事分开。

彤彤的妈妈总是忍不住在彤彤面前夸赞班里成绩比她好的同学，表扬她的同学成绩好、作业工整、字迹清秀，羡慕他们总是在班级群里被老师表扬。时不时地，妈妈总会在彤彤面前表露出："你们班的 ×× 真是个好孩子啊！""×× 太让他妈妈省心了！""×× 怎么这么聪明！"

为了激励彤彤以同学为榜样，向同学学习，妈妈每周还会专门统计班级群里每个同学被表扬的次数。看着妈妈做得密密麻麻的统计表，彤彤却觉得头皮发麻，气愤地想把它撕掉，她真是再也不想听到妈妈的唠叨了。

彤彤妈妈的做法就是典型的对人不对事。她引导彤彤看到的都是结果，而没有关注那几个同学在达到学习好、字迹清秀的过程中付出的努力。长此以往，彤彤会倾向于觉得那几个优秀的同学就是天生聪明，随随便便就能成功，会将妈妈挂在嘴上的对同学的评价——"好孩子""聪明""省心"信以为真，渐渐地，对自己将不再信任。相反，如果彤彤妈妈能够更加客观地描述那几个优秀的同学在学习过程中付出的努力，着重评价过程而不是展示结果，彤彤一定会认真学习同学的这些好品质，变得越来越优秀。

原则二：在相同的水平上比较。也就是说，比较的对象是与同龄人比，与同一层级的人比。不同年龄段的孩子之间，由于大脑发育与运动发展之间的差距很大，年纪越小的孩子，跨年龄阶段的差距可能越大，不同年龄段的孩子之间比较既不科学，也不公平。

原则三：比较要看整体，既要引导孩子看到自己不如别人的地方，更要让孩子了解到自己有些地方做得还不错。如果总是拿别人家的孩子的长处跟自己家的孩子比较，容易让孩子产生自卑心理，孩子会认为自己无论怎么做，都不能让自己的家长满意。

丁丁放学回来非常沮丧。经过沟通，妈妈了解到，作为他们学校的体育特长生，丁丁今天被老师挑出来去参加几个学校联合的运动会，结果比赛的时候成绩落后其他学校的学生较多，只拿了个倒数的成绩。丁丁的自信心大大受挫，忍不住大哭了起来。

妈妈安慰丁丁说："我听说那些成绩很好的同学都是从专门的体育学校选出来的。他们每天用在体育训练上的时间要长得多，取得好成绩也是很正常的。你不如他们跑得快，是因为他们付出了比你更多的时间，而你把那些时间都用来学习了。如果让你们一起比赛学习，我相信你一定比他们做得更棒！"

妈妈的话特别管用，丁丁一下子就恢复了精神，跑进房间做作业去了。

智慧的父母都会像丁丁的妈妈一样，在孩子自信心受挫的时候，引导他们发现自己身上闪光的一面，帮他们找到失败的真实原因，让孩子重拾信心，迎接下一次挑战。

原则四：虽然和他人比很有意义，但更要学会和自己比。父母向孩子传达的价值观，应该是每个人都有自己的特点，每个人都不同，我们应该接纳自己与别人的不同，各有所长。在此基础上，专注于和自己比较，苟日新，日日新。

3. 不贴标签，就事论事，警惕攻击孩子的人格和品性

孩子总会在有意无意间被大人戴上各种各样的帽子：3 岁的孩子会算数，于是被扣上“小天才”的帽子；小区里，最淘气的孩子被扣上“小霸王”的帽子；有时候，我们也会给自己的孩子扣上“胆子小”“内向”“小气”等一个或几个帽子。

我们不难发现，这些帽子有一个共同点——它们不能代表客观事实，而是来自大人的主观评价，其实这就是给孩子贴标签的过程。一旦被贴上标签，孩子为了认同家长并避免自己内心产生混乱，会按照被赋予的标签特点，进行自我修正、自我改变、自我认同，逐步形成标签所代表的行为。家长也可能会发现孩子越来越朝着这个标签的方向发展。因此，负面评价的标签可能会让孩子产生消极的自我评价，缺乏自信，影响孩子的身心发展。

输不起

输不起的孩子大多是因为抗挫折能力未完全建立。他们害怕面对失败，在生活工作当中，不太喜欢从事有挑战性的活动。一旦生活中经历一些负面的结果，他们会表现出消极和悲观。面对这样的孩子，父母在与其沟通时的重点应放在帮助孩子将失败正确归因，克服对下一次挑战的畏难心理。

胆小鬼

所有胆子小的孩子背后只有一个原因：经验少。对未知事件

的掌控感太弱，孩子自然没有勇气面对。因此，父母对胆小的孩子除了多加鼓励和肯定外，更需要陪伴他们慢慢地探索更难、更有深度的活动，等孩子的经验积累到一定程度时，他们就无须父母的陪伴了。面对胆小的孩子，父母在与其沟通时的重点应放在：换位思考，共情孩子当下身处的情形，理解他们的不安和担忧，同时，多带他们参加各种各样的活动，丰富他们的生活经验。

爱哭包

爱哭的孩子往往内向敏感。当外界发生了不好的事件时，他们的情绪更容易受到影响，而且他们往往不善表达，就会选择哭泣来当作寻求帮助的手段。面对这样的孩子，父母与其沟通的重点是：留意行为（哭泣）背后的真实原因，鼓励他们使用语言（而不是哭泣）表达自己的需求。

玻璃心

玻璃心的孩子心理素质普遍较差，经不起批评或指责。玻璃心重的孩子，小则听不进批评意见，爱生闷气，大则受不了挫折，容易走极端。面对这样的孩子，父母与其沟通的重点是：鼓励与批评同行。孩子犯了错固然要指出来，但要采取温和正确的方式。

窝囊废

这是一个极具侮辱性的词语，很多孩子的不幸人生都始于类似的词语。一个认为自己孩子窝囊的父母，往往是非常强势和专制的父母。他们不允许自己的孩子出现失误，对孩子的言行要求很严，标准很高。这样的孩子往往也是最怯懦和容易丧失信心的孩子。面对这样的孩子，父母与其沟通的重点是：找到孩子退缩行为（窝囊）背后的真实原因，提供具体有效的帮助。

爱虚荣

希望被认可、被接纳、被赞扬、被羡慕是人的本性，但中国的父母往往认为低调、谦逊和中庸才更符合他们理想的教育。因此很多孩子顺应自己天性的行为，会被父母误认为是虚荣。面对这样的孩子，父母与其沟通的重点是：调整自己的思维方式，不误解孩子的行为，不给孩子贴标签。

没主见

没主见的孩子背后往往有一个包办的家庭。从小到大，事事都有人操心，有人给他拿主意。独立性都没有发展，何来的主见？面对这样的孩子，父母与其沟通的重点是：接纳他暂时的从众，在此基础上，引导和鼓励他表达自己的想法。

撒谎精

孩子为什么撒谎？因为他担心说实话的后果。爱撒谎的孩子，背后往往有一对严厉的父母。他们给孩子创造的容错空间非常小，如果孩子犯了错，大概率是要受到惩罚的。为了避免惩罚，孩子选择了撒谎。面对这样的孩子，父母与其沟通的重点是：温和地陈述事实，而不是带有批判性的揭穿，在此基础上，让孩子感觉放松，并慢慢说出事实。错误沟通及正向示范如表 3-1 所示。

4．沟通有技巧，最重要的是使用孩子能理解的语言

亲子沟通是家庭生活中的一项重要内容，也是实施家庭教育的主要途径。然而，亲子沟通中，家长与孩子之间很有可能因为模糊了“边界感”，或者没有掌握一些具体和行之有效的技巧，导致亲子之间发生不愉快。掌握以下三个原则，可以让亲子间的交流更加顺畅。

表 3-1　错误沟通及正向示范

标签	错误沟通	正向示范
输不起	不就是数学没考好吗？你至于这么哭哭啼啼吗？我又没训你。以后的路还长着呢，你就这么“输不起”，哭一辈子吧！	我看到你的数学成绩没有考到你理想的分数，一定很伤心吧？但你最近准备得这么认真，下次一定能考好
胆小鬼	你都这么大了，连个滑梯都不敢自己上去玩，就你这“胆小鬼”的样子，以后能干点啥？	这个游乐场我们第一次来，滑梯有点高，你先自己试试，如果害怕了就下来
爱哭包	怎么又哭了？成天哭哭啼啼的，怪不得别人叫你“爱哭包”！	我看到你的书包带子开了，如果你需要我的帮助，你可以说出来
玻璃心	做错事了还不能说你了，是吗？一个男孩子，真不知道这么“玻璃心”是跟谁学的？	我看到你早上很认真地把水杯装进书包里了，可是它现在又丢了，我们得想个办法
窝囊废	男子汉大丈夫，被人欺负了都不知道打回去，真是“窝囊废”！	那个给你起外号的人是不是比你大很多？如果你解决不了的话，可以向我或者老师寻求帮助
爱虚荣	每天起床挑衣服，小孩子穿什么不都一样，怎么这么“爱虚荣”？	我听说你们今天有联欢会，我觉得那件白色的连衣裙很适合你
没主见	你没长脑子吗？人家让你干什么就干什么？你那脑子是摆设吗？“没主见”！	×× 的想法确实很不错，但我听到你也给出了一点建议哦！
撒谎精	你说的话我一个字都不相信，像你这样的“撒谎精”，我要是能信你，太阳都从西边出来了	你说你放学以后就回家了，可是我 7 点钟到家的时候，你还没回来。能告诉我你去哪儿了吗？

首先，亲子沟通要使用孩子能够理解的语言。

与孩子的沟通应该是一个双向互动的过程，如果你讲的话，孩子无法理解，那么沟通就是无效的。有些父母经常会一厢情愿地喋喋不休，根本不考虑孩子有没有兴趣听、能不能理解自己所讲的话，久而久之，孩子就学会了对父母的话充耳不闻。

宁宁的爸爸平常喜欢在手机上看短视频，还学了不少“网络段子”。妈妈抱怨他下班回来不和孩子互动，爸爸很无奈地说：“我跟她说话她都不理我啊！”一边的奶奶接过来说：“别说宁宁不理你了，你说的话，我都听不懂。”

语言是沟通的工具，如果沟通的双方使用的不是一套语言体系，那么沟通的效果就可想而知了。亲子之间的沟通更是如此，如果父母不考虑孩子的年龄特点和生活经验，一味地把工作生活中一些很复杂的词语讲给孩子，孩子自然是一脸懵。

其次，要采用孩子喜欢的沟通方式。

与孩子沟通的过程中，不仅要考虑孩子能够理解，而且最好采用孩子喜欢的沟通方式。父母一味地用说教、命令、强迫等方式让孩子听自己的话，孩子必然产生反感。孩子喜欢的方式可以是聊天，父母在聊天的过程中把要讲的道理融入进去；可以是讲故事，通过讲故事，让孩子从故事中领悟道理，这比简单说教要好得多；可以是在游戏过程中沟通，因为孩子处于比较兴奋的状态，比较容易接受父母的教育建议。

睡觉的时间到了，天天还是不愿意收玩具，妈妈提醒几次后，很生气地说："你再不去睡觉，明天我就把你的这些东西全扔了！"

天天吓得大哭起来，更加拒绝入睡了。这时，爸爸走过来，耐心地告诉天天："你看，这些工程车已经陪你修了这么长时间的路了，它们说：'我好累啊！让我歇会儿吧，要不明天都没有力气来工地上班了！'"天天听了之后，认真地看了看自己的工程车，然后跟他们说："那你们睡吧！我也去睡了，我们明天再一起修路！"

最后，避免用负面意义的语气。

"不可以……"

"我命令你……"

"我警告你……"

"你最好赶快……"

"限你在五秒钟内……"

"我数到 3……否则……"

这些带有指挥、命令、警告、威胁、责备、谩骂、拒绝等负面意义的说话语气是孩子最不愿意接受的。这样说多了，孩子对此更是持无所谓的态度，因为他发现后果并不像你描述的那么严重，所以父母再说类似的话就没有任何意义了，反倒让孩子失去了对父母的信任，还让孩子感到厌恶。

5. 鼓励孩子也需要学习，别掉进这四个坑！

很多时候，我们面对不自信的孩子，会简单地认为一定是我们给予的肯定和鼓励太少了，因此会将更多精力用在鼓励孩子上，但鼓励也并非是简单的几句表扬就能起效的。认真反思一下，当孩子面对困难的时候，你常用的鼓励是否如此：

——你可以的，加油！

——再试试，你是最棒的！

——很简单的，你看别人都能做到。

这些话听上去很合理，但效果却大打折扣，孩子似乎丝毫没有被鼓励到，依然纹丝不动。因此，我们需要弄清楚真正的鼓励和虚假的鼓励，避免掉进鼓励的陷阱里。

陷阱一：空洞的鼓励

当家长说“你可以的，加油！”时，传递给孩子的信息是父母对成功结果的期待，而不是鼓励。隐藏在孩子内心真实的想法是：“这真的很难，我做不到，可爸爸妈妈却一直告诉我，我可以。万一我失败了，他们一定会对我失望！”为了避免让父母失望，孩子往往会选择退缩：“如果我不试，我就不会失败，也就不会让爸爸妈妈失望了。”对孩子有高期待，希望他成功，无可厚非。但当孩子遭遇困难时，如果我们没有觉察到孩子行为背后的感受，就可能帮倒忙，出现越鼓励越放弃的情况。

真正有效的鼓励是：既要和孩子说“你可以”，也要和他认真分析为什么你觉得他可以。

明明已经学了一段时间钢琴了，老师认为他练习得很不错。正好学校周末有个招生的活动，需要几名学员去商场给过往的顾客表演节目，老师有意邀请明明参加活动，但明明却很犹豫。

妈妈知道了就鼓励他：“我觉得老师的眼光真不错，选你去表演，我觉得很合适。”

明明还是有些犹豫：“可是那里人很多啊！”

妈妈说：“是的，商场就是人多。但是你忘了，上次姥爷生日的时候，来了那么多人，你的表演也很顺利呀！大家对你赞不绝口。”

“那我万一出错了怎么办？”

“现场演奏，即使是你崇拜的明星也没有办法保证万无一失，但是我觉得敢上去表演，就已经超过了很多很多人。而且，你知道吗？大部分人根本听不出来你失误了！”

明明哈哈一笑：“真的吗？错了也没有关系吗？”

“当然了，当你站在舞台上的时候，你就已经成功了。况且如果你弹奏的够好，还能帮学校招到学生，是一件很有意思的事情呢！”

听了妈妈的话，明明不再犹豫了，当即答应了会参加演出。

陷阱二：缺乏共情，不接纳孩子的情绪

“这有什么好怕的。”“没事的，妈妈在这儿会保护你的。”类似的话语经常被用来鼓励孩子。但父母口中的“没事”，实则是孩子眼中“天大的事”。鼓励失败的卡点在于，孩子认为：“我都说了我很害怕，妈妈还说是安全的，还要逼我去冒险，我要疯了。”恐惧情绪是真实的，但父母的鼓励实则否定了孩子的恐惧情绪。

陷阱三：对困难的界定不一致

“没你想的那么难，你看其他小朋友都行。”当孩子听到父母这样鼓励自己时，自卑的感觉油然心生。此时，孩子的真实感受

是：“明明就很难，我已经试了好几次了，爸爸妈妈还说简单，肯定是我太笨了。”每个人对困难的定义不同。大人的简单，对孩子来说可能比登天还难，没有站在他们的角度去思考，会让他们沮丧，或者怀疑自己。

陷阱四：物质奖励

关于物质奖励，有两种极端都要不得。

一是把物质奖励当作激励孩子上进的主要方法：想要孩子乖乖上学，就答应他早上起床先吃一颗糖；想要孩子去参加课外辅导，就答应给他买个玩具；想要孩子取得好成绩，就答应带他出去旅游……这样做的弊端显而易见：总有一天，父母提供不了孩子想要的物质，而且长此以往，孩子做事情的动机全部来自父母给予的这些外在奖励。事实上，内驱力才是激励孩子持续进取的原动力，让孩子自己努力、自己尝试，在过程中体验成就感和获得感，这样的来自内部的力量才能源源不断地激励孩子持续突破自己。

二是把物质奖励当作洪水猛兽，拒绝任何形式和场合的物质奖励。最常见的例子是孩子上幼儿园了，幼儿园的老师习惯用贴纸的方式奖励各方面表现好的孩子。有些父母认为贴贴纸的行为就是外部奖励，一定会破坏孩子的内驱力，因此极力反对。父母和老师的僵持，不仅让家园关系变得紧张，也会让孩子无所适从。其实，在低幼年龄段，当孩子的专注力还不够好、自制力又没有发展起来时，他们很需要得到一些及时的正向反馈，来提醒他们继续保持良好的行为。因此，具体情况具体分析，万万不可一刀切。

那么，正确的鼓励该怎么做呢？

首先，看见和肯定孩子的情绪。孩子和成人一样，遇到困难的时候，也会产生劳累、气馁、生气、急躁的情绪。家长可以在旁边说："积木堆了几次都倒了，你感到很沮丧。""是的，攀爬很辛苦，你有点累了。"如果能这样接纳孩子面对困难产生的负面情绪，就能帮助孩子缓和并且冷静下来。也只有这样，孩子才能理性思考如何继续迎接挑战。

其次，找到孩子的卡点，给孩子提供具体的帮助。当发现孩子遇到瓶颈时，父母可以给孩子搭建"脚手架"，比如给孩子一点提示，拆解或者简化步骤，给孩子做演示，或者你做让孩子帮忙等。还可以先给孩子展示过程，再让孩子尝试，孩子完成后会非常有成就感。这种成就感，会增强孩子的自信心。

最后，关注过程，而不是成果。鼓励孩子时，少和孩子说"你一定行的"这种关注结果的话，可以多和孩子说关注过程的话，比如，"我看到你很努力 / 认真 / 专心地尝试过好几次了"。在平时的教育中，多向孩子传达"成功不仅仅看结果"的理念，愿意尝试、尽力去做其实也是一种成功。这样，孩子慢慢也会形成这种认知，相信自己的能力可以不断提升，自信心也会不断加强。

回顾本节

想要孩子内心有力量，自信从容地面对生活，父母需要注意日常与孩子的沟通方式，把握一些基本的沟通原则，掌握一定的沟通技巧，避免因沟通方式不当而导致亲子关系产生隔阂，进而毁掉孩子对世界的信任和信心。

❶ 不自信的孩子往往“话里有话”，作为父母要营造轻松的家庭氛围和良好的亲子关系，善于捕捉孩子行为和语言背后隐藏的含义，给孩子提供相应的支持。

❷ 社会比较不可避免，重点是把握比什么和怎样比，千万不能让“别人家的孩子”成为自己家孩子童年的噩梦。

❸ 每个孩子有自己的特点，不要给孩子贴负面的标签，从而磨灭他们的自信心。

❹ 亲子沟通也是一门学问，说什么、怎么说都需要认真斟酌，掌握技巧。

❺ 信心不是夸出来的，鼓励也要避开四个坑。

3.3　不要让溺爱毁掉了自信的种子

1. 过犹不及：正确区分爱和溺爱

关于爱，我们内心似乎有一个隐形的天平。当对孩子严厉时，我们会感觉天平的左端沉下去了，担心孩子没有安全感；对孩子宽松时，又会觉得孩子没有规矩，举止太随意，害怕宠坏他们。在养育孩子的过程中，很多父母都在这个天平上不断徘徊、调整，一直试图找到那个合适的“度”。问题是：这个“度”真的存在吗？真相是爱和溺爱是平行线，它们之间不存在“度”。真正的爱和溺爱不是一根天平的两端，爱多了也不会变成溺爱。

什么是爱？真正的爱充满友善和真诚，它给人信心和力量。虽然我们很难用语言来描述它，但所有人都不会拒绝它。什么是溺爱？溺爱给人以被吞噬的感觉，这样的爱本身是不对的。施爱的一方用洪水般的情感将另一方压得喘不过气，想要逃离。

学校组织春游，小玲特别开心，一放学就回家忙着准备春游的物品。

她刚拿出背包，奶奶就走过来说：“你哪会收拾东西啊？叫你准备，你明天就等着饿肚子吧！还是我来弄！”

小玲虽然不情愿，但拗不过奶奶，只好作罢。

无所事事的小玲在沙发上躺着看奶奶忙碌，听到奶奶自言自语地说：“谁把保温杯放那么高？”

小玲听到了，立马起身，准备拿椅子过去帮忙。奶奶见状，连忙制止：“上那么高，你摔下来怎么办？快下来！”

等奶奶把背包收拾好了，小玲走过去用手一拎：“怎么这么轻？奶奶你都装了什么呀？”

“装多了你哪能背得动，你就拿点饼干之类的就行，要是你想吃水果，我给清清奶奶说一声，让清清多带点，明天分给你吃！”

“可是我也想给别人分享东西呀！”

“谁让你不好好吃饭，那么瘦，怎么背得了重东西？你吃同学们的就可以了。要是想分享，下次把他们带到家里。”

奶奶爱小玲吗？在奶奶看来，她一定是非常爱小玲的：事无巨细地一手包办，对小玲照顾得无微不至。在她看来，孩子很依赖她、信任她，她说什么，小玲都会顺从。她尽力给小玲营造一个很好的、没有冲突和压力的环境。但小玲接收到的信息是什么呢？她知道奶奶很爱她，都是为她好，奶奶说的不会错。从奶奶那里，孩子准确地接收到“我还不行”的信息，慢慢地她可能想法丧失了、勇气丧失了、信心也丧失了。

2. 做权威型的父母，既不忽视也不放纵

影响孩子发展结果的因素很多，但大量的文献表明，养育子女的方式是其中一个重要部分。因此，1978 年，美国心理学家戴安娜·鲍姆林德提出了家庭教养方式的两个维度，即父母给予的爱和温暖（与父母对孩子的爱和接受有关）以及父母

的控制（与父母在促进尊重规则和社会习俗方面发挥的积极作用有关），将父母对待子女的方式划分成四种不同的养育方式：专断型（authoritarian）、权威型（authoritative）、放纵型（permissive）、忽视型（uninvolved）。四种养育方式的差异如表 3-2 所示。

表 3-2　四种养育方式的差异

养育方式类型	表现	后果
专断型	父母很严厉，直接给孩子下达指令，不解释为什么，只需要孩子听从，规定很严格，不会倾听孩子的想法和感受，父母和孩子真正的沟通很少	影响孩子的社交发展，没机会表达，会影响自信、沟通技能，会更加焦虑
权威型	民主制的养育方式，父母跟孩子有很多沟通，倾听孩子想法，关心孩子感受。父母有明确的底线，并且有清楚的解释，如果父母和孩子有分歧，会讨论，参考双方的意见重新做决定	孩子有责任感、自主感、社交技能更好
放纵型	放纵，父母几乎不为孩子设立任何界限，让孩子自己决定。父母看上去挺民主，但由于孩子的各方面发展还没准备好，不具备做决定的能力，父母把决定权放开对他们发展没有好处	孩子缺乏自控
忽视型	父母完全不参与孩子的生活，对于孩子干什么也不关心，这样的孩子是缺爱的，这种方式对孩子的伤害也是不言而喻的	缺爱，损害了真正的独立性

四种养育方式的差异我们可以用一个场景来模拟一下。

淘淘初学钢琴，最近有点抗拒每天练琴。她认为每天都要练琴实在是太累了，她只想放学了和好朋友们在小区里奔跑、做游戏。

对此，家里的四个人分别是这么和她沟通的：

奶奶（专断型）："练习弹琴是每天都要做的事情，你不想练就不练了吗？今天迁就你一次，明天你又找借口，这琴啥时候能学好？学不好琴，以后还当什么钢琴老师。"

爸爸（权威型）："淘淘今天不想练琴，是不是想和朋友们在小区里骑自行车呢？现在外面还很热，你的朋友们也都在家完成各自的一些学习任务。你要是想快一点跟他们玩，一会儿练琴的时候，就专心点，咱们争取一次弹成功。这样咱们就可以先骑着自行车到广场上等他们了，好不好？"

妈妈（放纵型）："宝贝看起来心情不太好，是不是不想练琴啊？不想练就算了，咱明天多练一会儿。走，我带你去骑自行车！"

爷爷（忽视型）："淘淘，爷爷出去钓鱼了啊！你在家乖乖的，别乱跑，等妈妈回来。"

不难看出，权威型养育方式最佳。权威型家庭养育的孩子，更愿意与父母沟通，亲子关系更好，面对困难时更加持之以恒，更有自信解决困难，自信水平更高，社交道德方面比较成熟，学业成绩也会更好。因此，作为父母，我们要努力成为权威型的父母，既不骄纵孩子，也不忽视他们的感受和想法。遇到分歧时，多倾听孩子的内心，同时坚定自己的底线。

需要指出的是，养育方式类型的研究给我们实践提供了启发和线索，但不要照搬。真实生活里不存在单一养育方式，不少父母在生活中也会发现自己的养育方式有时偏向权威，有时也会稍有放纵和溺爱。这些都很正常，因为真实的生活情境原本要复杂得多。在养育方式上，我们要把握的大方向是：尽量向权威型的养育方式靠拢，父母尽量使自己和孩子的交流通道保持打开状态，这才是关键。

3．溺爱的逻辑：我都替你做了，因为你什么也不会做

溺爱会毁了孩子。不只是因为被溺爱长大的孩子不会爱别人（他们往往以自我为中心，独立能力差，情商低），更重要的是，他们也不会爱自己，欣赏自己。一个孩子，如果一直在吸收父母的“你不行”这些评价，他们的自我价值感会很低，自尊水平也低，很难成为一个自信的孩子。

明明在小区广场上学习骑自行车，爸爸在身后寸步不离地保护着。一圈下来，爸爸累得满头大汗，就劝明明：“宝贝，咱不骑了吧？反正现在出门也不骑车，学会了也没用。”

明明说：“不行，我就要学，我们班小朋友都会，就我不会。”

“行，那咱再学最后一圈，会就会了，不会咱也不学了，我实在是跟着你跑不动了。”爸爸说。

“爸爸，你不用跟着我，我自己试试。”

“那怎么能行？你压根都不会，我不扶着点，你不是会摔跤吗？算了，别说了，赶紧再玩一圈，咱们回家。”

明明爸爸这些看似心疼孩子的话，传递到孩子这里，全是不信任。先是看低孩子，否认孩子做事情的意义，认为孩子学骑自行车就是纯粹瞎玩，然后是不信任孩子的能力，认为他不可能学会骑自行车。如果一个孩子从父母那里都得不到认可和鼓励，他又怎能相信自己有能力呢？因此，替代和包办不仅不会让孩子的生活变得更简单，反而会让孩子的生命之花逐渐枯萎。

4. 任性、跋扈、脾气大，越是说不得的孩子越自卑

真正的爱不会宠坏一个孩子，但溺爱会。被溺爱长大的孩子，身上通常会有以下几个特点：任性、跋扈和脾气大。每一个特点都是来自溺爱的滋长，我们一起来逐一揭开它们。

任性

任性的背后是缺乏同理心。被溺爱长大的孩子，凡事都必须遵照他的想法。如果父母无法满足，便撒泼打滚，不达目的不罢休。这样的孩子很少站在对方的角度思考自己的行为会给他人带来什么样的感受：当他们满地打滚时，他们察觉不了父母的尴尬；当他们执意要一些超出父母能力范围的东西时，他们看不出父母的为难和困境；当他们歇斯底里地对抗父母时，他们看不出父母的伤心和愤怒……这些孩子的眼里仿佛只有自己，他们的世界只能装下自己，看不到别人。同理心或者说共情的能力在他们身上似乎一点也不具备。

可是，同理心才是孩子立足世界最重要的一种情绪。很难想

象一个世界如果只有自己的孩子将怎么与世界产生连接。如果一个孩子不管不顾身旁的他人，一味地满足自己的欲望，他又怎么会交到朋友，拥有和谐的人际关系呢？同理心缺失的背后有各种各样的原因，但溺爱是最普遍的一种。想一想，一个孩子从小到大，所有的事情都被包办，所有的想法都会被尽力满足。生活于他，似乎没有挫折和坎坷。如果他不曾面临需要妥协的情境，他又哪来的机会去试着换位思考、了解别人的想法呢？

跋扈

跋扈也叫霸道，它的背后是社会性发展的缺失。一个霸道的孩子，凡事都要求身边的人顺着他，听他的。在孩子还小的时候，身边只有家人，家人当然可以顺着他的心意。可是，当他长大，走向集体环境，事情就变得不那么顺利了。集体生活的首要原则是守规则，第二大原则是公平和民主。遗憾的是，一个跋扈的孩子，他的行为模式常常与这两大原则背道而行。由于从小被溺爱长大，他生活的环境规则特别少，甚至没有规则，加之从小身边的人都依着他，一个允许畅所欲言、表达碰撞的环境于他而言也是完全陌生的。因此，他既没有守规则的意识，也没有民主的概念。被溺爱长大的孩子，走向集体生活时，如果还把自己的这种跋扈的处世态度带到现有的环境中，那么多半他会成为群体当中那个不被接纳的孩子。

脾气大

脾气大是因为缺乏自控力和情绪调节能力。一个情绪化的、遇事习惯大喊大叫闹脾气的孩子，背后的原因可能是多方面的，但往往与父母过度放纵的养育方式相关。小时候，当孩子的生活中遇到一些很小的不如意，比如，碰倒了积木、打不开零食袋、玩具找不到时，孩子难免会有情绪。此时，溺爱型的父母往往会弱化孩子对这些负面情绪的消化和调节能力。由于担心孩子哭，怕孩子被负面情绪吞噬，他们经常在上述情况刚刚发生时就立刻冲到现场帮助孩子解决“麻烦”。这样的养育模式，时间长了，不仅没有让孩子减少哭闹，反而加大了孩子的情绪表达：面对同样的社会情境，溺爱环境下长大的孩子会比普通的孩子对事件的反应更大。

随着年龄的增长，无论是任性、跋扈还是脾气大的孩子都有一个共同的特点：自卑。很显然，集体生活让这些孩子失去了原本一帆风顺的生活环境，当他们由于缺乏同理心、不会协商、不能控制自己的情绪而在团体生活中遭到排挤时，他们会越来越怀疑自己的能力，变得不自信。

孩子生命的成长有他自身需要经历的路，在这一路，他们会遭遇不顺、面临失败，这都是生命成长的自然规律。因此，作为父母，不要过多地干涉这条自然而然的路，因为你在这条路上替孩子承担的越多，包办的越多，反而会让孩子找不到原本属于自己的路。当内心开始怀疑自己时，他们生命的力量也就慢慢枯竭了。

5. 父母无条件的爱是孩子自尊自信的基石

真正的爱虽难定义，但它有一个特点：无条件。当我们提到“无条件”时，很多父母会困惑，无条件不就是事事都顺从吗？这样的爱和溺爱实质上不就一样了？事实上，无条件的爱和溺爱毫不相干。

首先，无条件的爱不等于溺爱。溺爱的实质是不信任的包办，而无条件的爱则意味着信任和接纳。我们相信孩子有向善、向美、向真的本能，更接纳孩子原本的样子，在他原来的基础上，用爱引导着他完善自我，超越自我。对孩子的接纳可以分为两部分：孩子的行为和当下的情绪。行为是孩子外显的一些动作，情绪则是内隐在行为背后的。当我们用无条件的爱接纳孩子的时候，要记得全然接收孩子的情绪，但要有选择地接纳孩子的行为。

怎么理解这句话呢？情绪没有好坏，它来到孩子身上，正面的也好，负面的也罢，都是孩子身上真实的存在。因此，面对孩子的一些负面情绪，比如恐惧、担忧、伤心、委屈时，作为父母，我们要将这些情绪全盘接纳，共情孩子，让他感受被爱和被理解；与之相对应，当情绪到来时，孩子的行为往往受情绪驱使，当负面情绪太过强烈时，他们有可能会做出不符合社会要求的行为，如攻击他人、破坏物品等，当面临此类行为时，父母需要想办法帮孩子按下暂停键，停止做出这样的行为。也就是说，孩子的情绪可以被父母无条件接纳，但行为不可以。

其次，无条件的爱也不意味着躺平，不是说父母对孩子没有要求，没有期待。

小A学习很好，妈妈对他的学业期待很高，因此很在意他学习这件事。

这天，小A放学回家拿出一张奥数参赛的报名表，说是老师要征求妈妈的意见，看这次数学比赛小A要不要参加。

妈妈问小A的意思。小A有点吞吞吐吐，妈妈看出了他的犹豫。

“要不要参加比赛？你自己怎么想的？”妈妈问。

“我不太想参加。最近我们社团要做航天飞机模型参加市里的科技展，没了我，他们肯定做不出来。我们社团就完蛋了。”小A回答说。

“我明白了。现在有两个比赛，你觉得你的精力只能应付一个，对吗？”

小A点点头。

妈妈接着说：“现在我们来捋一捋你的时间，看看情况是不是真的和你想的一样。首先，科技展在三周以后。你每周有两次社团时间，第一周你们可以来设计模型。第二周，你们可以试着把模型做出来。最后一周，可以用来调试、完善。这些事情在学校内都能完成，不需要花费额外的时间。奥数比赛是在两个月以后。从现在开始，你只需要每天额外抽出一个小时的时间用来练习。持续两个月，以你目前的水平，我觉得参赛不成问题。”

“两个月，每天都要练奥数啊！那我玩的时间都没有了。”小A有点不情愿。

“会有玩的时间的。现在天黑得越来越晚了，即使你多写了一个小时的作业，到了楼下，你会发现，小伙伴们也都还在楼下呢！这样吧，在你为奥数做准备的时间里，我们可以少做半个小时的家务，再晚睡半个小时，保证你每天和平时玩的时间一样长。”妈妈说。

听了妈妈的话，小A皱着的眉头终于展开了。开开心心地答应了去参加比赛。

小 B 的爸爸对孩子的言行举止格外在意。

这天，小 B 放学的时候，风风火火地从外面跑回来。一进家门，来不及换鞋就跑进卧室，拿出自己最爱的足球。爸爸一看就知道，小 B 这是又打算去踢足球了。

爸爸叫住了他："我看你准备去踢球。你今天和谁一起踢？"

"我和东东还有他爷爷啊，他爷爷可厉害了！上次教我了一招进球的好方法，我还没有学会，打算今天再去练练。"小 B 回答道。

"你今天不能去找爷爷踢球了。"

"为什么？"小 B 有点生气。

"昨天我见到了东东爸爸，他说上次爷爷陪你们踢完球之后，胸口疼了很长时间。东东的爷爷心脏不舒服，不能做剧烈的运动。"

"可是上次他踢球很厉害啊，我也没觉得他不舒服。"

"那是因为爷爷想让你们开心，而且上次你不知道爷爷的身体状况，一起踢球就踢了。现在你已经知道事实了，还要爷爷陪你们玩，你自己觉得这样做合适吗？"

小 B 思考了一会儿回答说："是的，还好上次爷爷没事。如果出了事，我一定会很难过。这样吧，我不找爷爷踢球了，我去找爷爷聊天，让他给我讲一讲怎么进球。"

说完小 B 放下足球，开开心心地去找东东和他的爷爷了。

以上两种不同养育风格的父母，一个温和一个严厉。虽然个性和风格不一样，但是他们都是从尊重孩子的意愿出发，提供爱和支持的环境，设立更高的期待，或者设立行为的界限，帮助孩子成长，这也正是我们熟知的“权威型父母”。

因此，无条件的爱和“高”要求是对立的吗？当然不是，因为这个“高”要求，并不是建立在父母的欲望之上，而是建立在对孩子的观察、了解之上。这种高要求恰恰是帮助孩子追求深层目标的“脚手架”。

回顾本节

提及亲子关系，爱是一个最绕不开的字，也是一个很难定义的字。关于爱，我们兜兜转转，既担心孩子得到的不够，又害怕自己给予的太多。本节主要讲述了以下几点：

❶ 爱和溺爱之间不存在度的问题。溺爱并不是爱超出了度，它们是两条平行的线。爱和溺爱不相关。

❷ 父母养育子女的方式能在很大程度上决定孩子最终成为什么样的人。本节探讨了四种常见的养育方式，并鼓励父母尽量成为权威型的父母。

❸ 溺爱传递了深深的不信任，也是导致孩子不自信的重要原因。

❹ 溺爱环境下的孩子各有各的特点，任性、跋扈和脾气大是他们外显的行为，而深藏在背后的原因则是自卑。

❺ 父母给予的无条件的爱才是孩子建立自信心的基石。无条件的爱是健康、纯粹的爱，无条件的爱既不等于放纵和溺爱，也不等于无要求、无期待。

3.4 父母退后一步，和孩子保持“50 厘米的爱”

亲子关系很重要。好的亲子关系让孩子从信任父母出发，带着这些最初的信任和信心，走向更宽广和未知的世界。这是我们此前一直强调的，但这就意味着父母和孩子需要一直捆绑在一起吗？我们先来看几种常见的描述亲子关系的类比。

有人将亲子关系比作放风筝，孩子是天上飞舞着的风筝，父母则是放风筝的人。持这种观点的父母往往认为养孩子就像放风筝，线放得长怕断，线收得紧又怕飞不高，所以关键因素是对分寸的掌握。

养育孩子时，当父母开始把关注点放在“度”上时，问题往往也会层出不穷。因为育儿本没有标准答案，也不存在推翻重来，父母如果总是对自己当下的一些养育方式持怀疑和不确定的态度，这样的不确定也会转移到孩子身上。就像在放风筝，孩子时而感觉自己被赋予了很大自由，时而又感觉自己被拉得喘不过气。亲子之间的关系不仅不稳固，还会让孩子感到困惑：我到底是一个什么样的孩子？我能不能赢得爸爸妈妈的信任？我是不是一个有能力的人？

还有人将亲子关系比作一段共同走路的旅途，从刚开始的依附走向最后的分别。持这种育儿观的父母往往将“孩子，我能拥有你多久？”这样的话放在心里，时不时暗自伤感。

这种观点一开始就是错的。首先，当父母开始把孩子当作可以拥有的物品一样时，他们就不自觉地矮化了孩子，似乎孩子成了没有思想、没有精神的物品，可以由父母任意“拥有”。其次，当父母总是困在担心孩子长大后会离开这样的忧虑中时，他们不自觉地就会对孩子有更多的纵容，以期望赢得孩子的认可，延长孩子对父母的依赖，延长他们可以“拥有”孩子的时间。

上述两种亲子关系都是有偏差的亲子关系，我们更倾向于将亲子之间的关系比作一节节莲藕。莲藕是什么样的呢？在一起时，它们紧密相连，互相依靠。分开时，它们之间“藕断丝连”。作为父母，我们既要在孩子年幼时成为他们的安全基地，为他们遮风挡雨，更要学会放手，在合适的时机里优雅地退出孩子的生活，让他们发展独立和自主的品格。

在孩子成长的任何一个年龄段，好的亲子关系都应该保持适当的距离。在形容父母和孩子之间好的关系时，我们习惯用“50 厘米的爱”来描述它。“50 厘米”不远，它确保了当孩子有需要时，可以及时得到父母的回应；“50 厘米”也不近，它阻止了父母无意识地提供非必要的帮助（包办）。

这是一段可以保证父母不会过多干涉孩子自然成长的距离。当我们为孩子的成长留出一些空间时，孩子的自主感、能力感和自信心都发展起来了。如果父母对孩子操心太多，干涉太多，不仅孩子不会觉得轻松，反而会更加无所适从。

1. 只要不陪在身边，孩子一个字都不会写

彤彤有一个最让妈妈头疼的问题：写作业时，一定要

有妈妈陪着。只要妈妈离开，她就停下笔，一个字也不写，直到妈妈回来。妈妈每天下班回来，累了一天，实在没有精力和耐心全程陪她完成作业，但彤彤就是改不掉这样的毛病。妈妈每天都要忍着即将崩溃的情绪。有时候，一旦这些情绪稍有流露，被彤彤察觉，她就会大哭。孩子这是怎么了？彤彤妈妈忍不住想要大喊："救救孩子吧！也救救我！"

通过彤彤妈妈的描述我们发现，彤彤妈妈在孩子写作业时从来没有提出过高的要求，现阶段，她只是希望彤彤能自己独立完成作业就好，至于完成的质量怎么样，她实在不会有过多的期待。那么，彤彤的问题究竟出在哪里呢？

在写作业这件事上，虽然妈妈没有阻碍孩子，可是家庭成员不止妈妈一个呀！彤彤的家人对彤彤的照料分工很明确，奶奶负责生活，爸爸负责做游戏，妈妈的重点是辅导学习。当彤彤和奶奶相处时，尽管有时会被奶奶温和地否定，但她实际上被照顾得很好，她自己并没有太多的不适，反而更为依赖奶奶；和爸爸相处时，父女俩一起玩游戏，爸爸除了感觉彤彤的胆子有点小之外，别的也都正常。而且，爸爸认为女孩子胆小不必大惊小怪，因此也就没放在心上。唯独到了妈妈这里，当妈妈开始辅导彤彤写作业时，问题就全部暴露出来了。

为了找出事件背后的原因，彤彤妈妈认真分析了家庭成员和彤彤的相处方式。经过分析，妈妈发现，彤彤的奶奶与孩子相处的方式可能是隐藏在写作业事件背后真实的原因。

彤彤奶奶对彤彤的照顾可以说是无微不至，寸步不离。平日里，当彤彤有什么需求时，她甚至不需要语言表达，仅仅是一个眼神或是动作，奶奶立马就能心领神会，随即满足她的意愿。有时候，当彤彤想要试着自己完成一些事情时，奶奶总会以“你还小，这些你还不会”“你要是受伤了怎么办？”“不能动，不能碰，危险”等为由来阻止她。偶尔，当彤彤自己尝试一些东西被奶奶发现时，奶奶也会哈哈大笑，“笨蛋，看你弄的！”“你看看你，笑死个人！”“就你弄这个，谁能看出来是啥？”这样的话被彤彤听多了，渐渐地，彤彤认为自己就是什么也不会做，奶奶才是她生活里的超人，她对自己越来越没有信心了。

奶奶对彤彤的这种爱就是带着强烈不信任的溺爱。先是奶奶不信任彤彤有能力，后来彤彤也开始不信任自己。这种潜在的，对自己的不信任慢慢地迁移到她生活的方方面面。不仅在生活起居上，彤彤认为自己没有能力做好，遇到新事物、新环境，甚至是爸爸新买的玩具时，她也表现得无所适从。在学习上，彤彤更是这样，潜意识里她觉得自己写的作业都不对，如果不能得到身边人的及时肯定，她就不知所措，不敢动笔继续往下写。

孩子成就感、能力感和自信心的获得都来自日常生活中的点点滴滴。发生在彤彤身上的案例提醒我们两点：第一，爱孩子要留出距离和空间，让孩子有做事情的机会，有体验成功的机会。第二，孩子的成长环境是一个系统，家庭中的每个成员都会影响到孩子的行为模式，因此养育孩子要有整体观和系统观，不可顾此失彼。孩子的发展是一个整体，生活中没有自信心的孩子，学习上往往也会缺乏自信。

2．眼睛都没敢离开过，孩子怎么还是总受伤？

东东3岁了，该上幼儿园了。妈妈特别矛盾：究竟是让孩子按年龄入园，还是等他再大一点，准备得更充分一点再去入园？

妈妈这里的“准备”更多指的是东东在安全意识上的准备。说来也奇怪，东东似乎特别容易受伤。妈妈带他出去玩，他一天总要摔倒一两次，不是磕着这里就是碰着那里，身上的伤总是断断续续的。为此，妈妈自责，奶奶也心疼埋怨，很反对把东东送到幼儿园。奶奶认为：妈妈在家就看东东一个人还看不过来，这要送幼儿园了，班里那么多小朋友，老师更没精力照顾东东了。

按照奶奶的想法，东东得准备好了才能去入园，可是妈妈有点摸不着头脑：东东的安全防护意识这么差，究竟是哪里出了问题？

回看东东前三年的成长经历，不难发现，东东的身体发育一直都被身边的成人过多干预了。从婴儿时期的翻身开始，基本上东东每跨越一个大动作里程碑，都是身边成人协助的结果。东东刚开始学翻身时，妈妈看到弱小的东东躺在床上，攥着劲，握着小手，脸憋得通红，努力调整自己的姿势，试图翻过来。但摇摇晃晃几次之后，东东也没能成功。由于担心孩子受挫，妈妈就用手推了东东的后背，帮助他实现了翻身。再后来，东东想要坐起来，学爬、站立和行走，这些身体动作都离不开妈妈的协助。然而事实上，妈妈发现，她的协助并没有让东东尽快掌握这些动作技能。相反，越往后，东东的大动作发展越来越滞后于同龄孩子的平均水平。

东东在 1 岁半左右才学会了独立行走。会走之后，东东在动作发育上面的滞后依然存在。例如，他走路摇摇晃晃的；跑起来也控制不好速度，遇到路中间的障碍物，也不能及时避开，经常会被绊倒；3 岁了上下楼梯还不能双脚交替独立完成。东东妈妈以前总认为东东身体动作发育迟缓是生理原因所致，还带他去医院咨询了医生，但医生检查过之后排除了东东妈妈的揣测。既然不是生理原因，那会是因为什么呢？

孩子动作技能的发展被人为干预的越少越好。早在 20 世纪 50 年代，来自匈牙利布达佩斯的婴幼儿教育专家艾米・皮克勒就提出了关于婴幼儿动作发展的基本原则——自由运动。

所谓自由运动，是指当孩子还不会翻身、爬、坐、站的时候，我们不要去教他，而是要提供大量的机会让他去练习这些动作，去感受怎么使用自己的身体。孩子就会通过这些最基础的动作学会做自己的事情，并且愿意不断去尝试。只有这样他才能学会克服困难和解决问题，才能从这些成功中获得喜悦和满足，这都是他自己努力的结果，孩子也正是在这个过程中感受到了自己的力量。

安全是养育的首要问题，但被保护起来的孩子永远成为不了一个安全的孩子。相反，给孩子 50 厘米的爱，让孩子有机会去锻炼使用自己的身体，感受自己的能力边界，让他更了解自己，对自己更加有信心。当孩子有能力控制和使用自己的身体时，他就获得了极大的信心，这种信心和掌控感能够让孩子未来更加勇敢地面对新挑战。

3. 父母总是冲在前面，孩子怎么知道自己可以做哪些？

最近有段视频在网络上盛传：

> 由于自己家孩子与另一名小孩发生了冲突，吃了亏，一名成年男子怒气冲冲地带着老婆、孩子，冲到对方家中，开始跟一个5岁的幼童“沟通”。
>
> 二人之间的沟通模式，基本上就是男子问，小孩答。
>
> 比如，男子说：“你回答我，你以后还敢不敢打人了？回答我！”
>
> 孩子回答：“不敢了，不打了。”
>
> “好，你给我记清楚这句话，再有下一次……”说着，男子上手狠狠地扇了幼童一巴掌。

这真是一件匪夷所思的案例，抛开视频中该男子的道德素质不讲，单从两个孩子的视角来看待这件事，孩子的心理阴影面积会有多大？孩子之间发生冲突是很正常的，自己的孩子受了委屈，作为父母心疼担忧在所难免。但这样处理问题能传递给孩子什么信息呢？

错误信息一：社交问题的解决模型是以暴制暴。孩子之间发生冲突以后，如果不涉及集体事件（如校园霸凌、集体孤立），那么原则上应该引导孩子使用温和的、社会认可的沟通方式来解决。既然父母不认可动手打人，那为什么自己却会动手呢？这不是给孩子造成困惑吗？

错误信息二：生活中的困扰，父母都可以为我解决。孩子在成长中遇到一些小挫折，孩子自己没觉得天塌下来了，父母这个时候先坐不住了，冲出来想要为孩子讨回公道，从没想过试着让孩子自己去解决。以后遇到类似的问题，出现在孩子头脑中的第一个想法，大概率是：我的爸爸 / 妈妈会帮我解决吧！

错误信息三：我自己没有能力解决问题，我不擅长与人交往。我们经常说“犯错是学习的好机会”，但机会来了，父母却总是挡在孩子前面不让他学习。这样孩子怎么学会与人交往、跟人相处呢？

孩子在成长中，多多少少都会遇到挫折。当挫折到来时，智慧的父母懂得和孩子之间保持一些距离。不要着急灭火，不要急着替孩子挡下所有的风雨，不要剥夺掉孩子成长的机会。

4．平等对待孩子，遇事多听听他的想法

无论孩子多大，我们都应该把他当作一个活生生的个体对待，成人与孩子之间是一种尊重和平等的关系。这就意味着，我们对孩子做的任何一件事情都要经过他的允许，即使他还是一个没有语言能力的婴儿。

> 在照顾小婴儿时，我们会给予他预告：“宝宝你流鼻涕啦，我要给你擤鼻涕。”然后等待，给孩子回应的时间。
>
> 当收到孩子回应时，再做下一步：“这是干净的纸巾，我要给你擤鼻子了。”继续等待孩子的回应，直到你接收到他的信息再做动作。甚至还可以给他看：“这是你的鼻涕哟，你看一看，软软的透明的。”然后再把纸对折一下：

“你要不要自己试一试？”

孩子们正是在这个过程中接收到来自成人的尊重与信任，学习独立与社交技能，感受到自己是有能力和价值的。研究发现，婴儿是通过与人接触，并根据别人对自己的看法而形成对自我的看法的。所以，一个人的自尊、自信最早是通过家庭因素建立起来，并逐渐形成的。如果父母将孩子看成一个与自己平等的、独立的个体，尊重孩子的人格，尊重孩子的想法，而不是把孩子当成自己的附属品，孩子就会充分发挥潜能，逐渐形成健康的自我。

反之，如果家长不尊重孩子，总是想着“孩子长多大都是自己的孩子”，凭自己的主观愿望去硬性塑造、设计孩子的一生，而没有考虑到孩子的兴趣，孩子往往就会在挫败感和压力感的笼罩下渐渐丢失童年的快乐和自我发展的动力。

回顾本节

家庭是建立孩子自信心最重要的场所，父母给予孩子的爱也是孩子内心力量的源泉。如今，很多父母都有意识地花大力气来营造和谐亲密的亲子关系，但凡事过犹不及，父母和孩子之间并不需要时刻捆绑在一起，亲子之间好的关系是保持“50 厘米的爱”，给彼此留下可以开花结果的空间。

❶ 养育是一个整体，当孩子在生活中被替代了太多，丧失了信心，面对学习他们也同样会退缩。

❷ 安全是养育的首要问题，但被保护起来的孩子长不成一个安全的孩子。

❸ 当挫折到来时，智慧的父母懂得和孩子之间保持一些距离。不要着急灭火，不要急着替孩子挡下所有的风雨。

❹ 如果父母将孩子看成一个与自己平等的、独立的个体，尊重孩子的人格，尊重孩子的想法，孩子就会充分发挥潜能，逐渐形成健康的自我。

3.5 支持孩子的成长：从自主到自立再到自信

自信心是人格发展的一项重要内容。在人格发展研究领域，最重要的理论就是来自美国的精神病学家、著名的发展心理学家和精神分析学家爱利克·埃里克森所提出的人格发展八阶段学说。

埃里克森将一个人的成长分为八个人生阶段，并认为每个人生阶段都有需要面对的心理危机。读懂这些成长的危机对父母和孩子来说都意义重大。对孩子而言，如果这些危机都能被顺利化解，他们的成长之路会更加顺畅，孩子的自我认同感和自尊心、自信心将得到提升，为其各方面的发展打下坚实的基础；对父母来说，把握孩子每个阶段的养育重点，不错过关键的教育窗口期，也是一项重中之重的工作。

埃里克森的上述人格发展阶段理论为父母们提供了清晰的、可以支持孩子自信心发展的路径。在本书中我们只讨论和孩子相关的，从出生到青少年期的四个阶段：

0～1 岁：基本信任对基本不信任；

1～3 岁：自主对羞愧和自我怀疑；

3～6 岁：主动对内疚；

6～11 岁：勤奋对自卑。

1. 0～3 岁：给孩子选择权，孩子再小也有机会体验成就感

孩子从出生到 1 岁，遇到的第一个发展危机是基本信任对基本不信任。

刚出生到 1 岁的婴儿还非常脆弱，需要依赖妈妈以及主要照料人的照顾。此时，如果妈妈给孩子提供了稳定可靠的照料，他们就能萌生出一种安全感，这种安全感让他们在以后遇到困难时，认为这个世界是安全的，大概率有人能帮助他们。相反，妈妈没有给孩子提供稳定可靠的照料，孩子面对的世界就是充满不安全感的，大脑的第一要务就是要保证生存，在生存都不能保证的情况下，认知、社会情绪及人格的发展就更加无法保证了。

1～3 岁时，孩子将面临他们发展的第二个危机：自主对羞愧和自我怀疑。

这个年龄段的孩子正是发展自主感的时候，他们需要通过做不同的事情来发展各种技能以及发展自己的自主感。他们常常对父母说“不”，不断探索自己能力的界限，他们想要自己做决定、自己做事情，但他们能力有限，有时候会把事情搞砸。这时候父母需要给孩子恰当的引导以及合理的选择，做到这两点会有利于孩子自主感的形成，有利于孩子自尊心、自信心的提高。

养育 0～3 岁的孩子，最重要的是给予他们选择权，这是让他们获得成就感和自信心的关键。孩子很小的时候就发现自己是一个有思想、有感情的独立个体，这样的发现让他们有很强的动力去独立尝试一些事情，因此，父母需要提供这样的机会，让他们感受自己的力量，给孩子提供“脚手架”式的帮助，提供一些具

体可行的拆分目标的步骤，帮助他们体验成功，获得成就感和自信心。

需要注意的是，给予 0～3 岁孩子选择权很重要，但毕竟他们还非常脆弱，因此父母一定要把握好赋权的度，结合当下的实际情况具体分析，既不包办代替，也不能全权由孩子判断选择。如果父母不放权，对孩子包办替代、指责孩子的行为或者对孩子有过高的要求，容易让孩子发展出羞愧感，会让孩子对自己的能力产生怀疑，这样不利于其自信心的建立。相反，父母把所有事情都交由孩子自己做主，同样不可取。0～3 岁的孩子身体发育和社会经验还非常有限，全权让孩子进行选择，如果事件的结果没有达到孩子的预期，也会大大打击孩子的信心。

2．3～6 岁：给孩子自主权，让孩子拥有独立做事情的机会

3～6 岁的孩子人格发展的关键词是主动对内疚。

这个年龄段的孩子自我概念更深入地发展，他们更加愿意尝试自己学习到的技能，这时还发展出了目的感。他们对同伴交往的需求比小时候提升了不少，这个阶段他们喜欢玩“过家家”游戏。他们通过“过家家”的角色扮演游戏发起和同龄人的互动、交往，和同龄人一起探索人和人的关系。在这类假装游戏当中，孩子自己对游戏规则、角色的分配等做决定，在对游戏的发起和互动中能发展出责任感，这样有利于孩子的主动性以及自信心的发展。

父母在养育 3～6 岁的孩子时，最重要的是给予孩子自主权，让他有机会按照自己的意愿完成一些事情。大到安排自己的休闲

时间，小到决定游戏当中的故事情节走向，当一个孩子发现周围世界的运转有可能按着自己的想法运行时，这种掌控感和自信心是任何力量也替代不了的。相反，如果家长有较强的控制欲以及包办替代的情况，就会影响孩子的自主感，使孩子缺乏主动性。如果家长经常否定、忽视或是嘲笑孩子的想法，孩子会体验到内疚的情绪，认为自己能量不够，会降低自信心的水平。

3．6～12 岁：发展孩子的独立性，培养一个内外皆强大的孩子

6～12 岁时，孩子人格发展的危机是勤奋对自卑。

自理能力、学业成就以及周围人的评价是这个年龄段孩子自信心的重要来源。学龄期的孩子，智力不断得到发展，特别是逻辑思维能力发展迅速，他们提出的问题很广泛，而且有一定的深度。孩子在努力实现目标时能萌生出自豪感，觉得自己很勤奋。这个时候，如果父母对孩子的好奇心和探索行为表示鼓励、支持和赞扬，孩子更有可能形成成长型思维。相反，如果老师和家长不注意自己对孩子的评价，对事对人不分，这种负面情绪体验以及与同龄人交往不顺利的情形，容易让孩子产生自卑的情绪。

支持孩子独立性的发展，鼓励孩子自己照顾自己，是这个年龄段父母的首要任务。养育孩子，父母应学会抓大放小，把握每个时期的养育重点。虽说学习、人际关系也都会影响这个年龄段孩子的自信心，但父母最容易掌控的是孩子的日常生活方面。因此，在日常生活中，父母可以给孩子多提供一些机会，让孩子从身边的事件中获得成就感，例如鼓励他完成一些家务劳动、为全家制作一份旅行计划、完成一些日常的生活采买任务、策划一些节日

活动，等等。所有的学习都是可迁移的，当一个孩子认为自己有能力过好生活时，其他方面也就不成问题了。

回顾本节

孩子成长的每个阶段都蕴藏着危险和机遇。读懂这些成长的危机对父母和孩子来说都意义重大，尤其对父母来说，把握孩子每个阶段的养育重点，不错过关键的教育窗口期，是一项重中之重的工作。

---

❶ 养育 0～3 岁的孩子，最重要的是给予他们选择权，这是让他们获得成就感和自信心的关键。

---

❷ 父母在养育 3～6 岁孩子时，最重要的是给予孩子自主权，让他们有机会按照自己的意愿完成一些事情。

---

❸ 支持孩子独立性的发展，鼓励孩子自己照顾自己，是 6～12 岁孩子父母的首要任务。

小测试 你的教养方式属于哪种？

父母是孩子的第一任老师，父母的教养方式对孩子的发展和成长是至关重要的。对教养方式的回忆和总结有助于我们了解和改进对孩子的教育方式。这是一份由父母填写的父母教养方式量表，请您根据量表所提供的内容回忆并概括多年来您对孩子的教养情况，符合情况的打“√”，不符合的打“×”。

1．我认为孩子是家庭沉重的负担。

2．孩子遇到困难或者挫折的时候，我会向孩子分享我类似的经历，给他（或她）提供解决问题的参考。

3．孩子生病了，只有病情严重了才会被我察觉。

4．孩子的事情一向是由我做主的。

5．我觉得孩子能从我的眼神和行为举止中感受到我对他（或她）的爱。

6．孩子的成绩不理想时，我会鼓励孩子再接再厉。

7．我不过问孩子日常的吃饭、穿衣等。

8．我支持孩子去做他（或她）喜欢做的事情。

9．当孩子不听话的时候，我就不给他（或她）零花钱。

10．我鼓励孩子自己制订生活、学习计划。

11．我认为“棍棒底下出孝子”是正确的，也这么做了。

12．我其实想控制孩子做的每一件事情。

13．我不知道孩子喜欢吃什么，也不知道孩子讨厌吃什么。

14．我会根据情况引导孩子，让他（或她）学会享受生活和学习。

15. 即使孩子考得不好，我也不会过分责备孩子。

16. 孩子做错事，我会对他（或她）说“你简直笨到家了，你怎么这么笨”这类的话。

17. 为什么我生的是女儿（或儿子），而不是儿子（或女儿）？

18. 我只要有空，就会陪孩子。

19. 孩子有困难的时候，情愿向别人求助而很少向我求助。

20. 我鼓励孩子发展自己的特长和兴趣爱好。

21. 若孩子不听话，我会打骂孩子。

22. 我会向孩子发泄、抱怨等。

23. 如果我要做一些重要的决定，不会让孩子知道。

24. 孩子做错了事情，我会打骂他（或她）。

25. 我很少与孩子谈心。

26. 孩子做了愚蠢的事情，我会嘲笑他（或她）。

27. 我要求孩子做一些力所能及的家务事。

28. 我没有考虑过花心思为孩子做饭。

29. 我家的孩子身上的缺点远比优点多。

30. 在业余时间，我的孩子可以选择自己喜欢的活动。

31. 不论结果如何，孩子对目标活动付出了努力，我都会表扬他（或她）。

32. 总的来说我对孩子鼓励多于批评。

33. 节假日与孩子在一起的时候，我乐意听孩子的安排。

34. 对孩子进行说教或者批评的时候我会注意自己的言行。

35. 我对孩子说过“走开，让我安静会”的话。

36. 孩子没有达到我的要求时，我不准他（或她）看电视上网。

37. 孩子提出的问题我会认真回答。

38．我会尽量丰富孩子的业余生活，比如和孩子一起运动等。

39．我会因为琐碎的小事而开口骂或者训斥孩子。

40．我和孩子的关系更像是朋友而不是上下级。

41．当孩子做错事情的时候，我会问明原因再批评。

42．我会当着外人的面数落孩子的不是。

43．孩子怎么打扮是由我决定的。

44．孩子生病或者受伤时，我不会放下手头上的事情来用心照顾孩子。

45．孩子与同伴相处时，我鼓励孩子学会分享，如分享零食、玩具等。

46．我不能容忍孩子与我有不同的意见。

47．即使我的孩子表现得没有别人家的孩子优秀，我仍然爱他（或她）。

48．我担心孩子，不允许他（或她）与别的孩子一起在外面玩耍。

49．我会跟孩子一起看他（或她）喜欢的电视节目。

50．我很愿意和孩子在一起。

51．我后悔有了孩子。

52．我能及时发现孩子的点滴进步，并赏识孩子。

结果说明：父母填完之后自行与下面的分类相比，符合的某类选项越多，越偏重哪种养育方式。需要注意的是：父母的养育方式往往是一种或几种方式的综合，不能准确地归结到某一类。详细解释如下：

类型一：民主关怀类父母。此类父母与孩子平等交往；父母关注孩子的一举一动，并及时给予提醒和帮助。涉及的题目有：2，5，6，8，10，14，15，18，20，27，32，33，37，40，41，45，49，共 17 道题目。

类型二：专制粗暴类父母。此类父母拥有至高无上的权力，不允许孩子有不同的意见。孩子达不到父母的要求时，家长习惯采用简单粗暴的方法，比如训斥、谩骂、讽刺等对待孩子。涉及的题目有：9，11，16，21，22，23，24，35，36，39，42，43，共12道题目。

类型三：宽容理解类父母。此类父母能够从孩子的角度出发考虑问题并且接纳孩子的不完美，承认孩子也是会犯错误的，包容孩子的缺点。涉及的题目有：30，31，34，47，50，52，共6道题目。

类型四：情感联系类父母。此类父母对孩子表达出热情、关心、温暖或者否定、拒绝的态度，涉及的题目有：1，4，12，17，25，26，29，46，48，51，共10道题目。

类型五：管教引导类父母。此类父母既尊重孩子的独立性和主动性，又对孩子施以必要的指导和教育，及时处理孩子的不当行为。涉及的题目有：3，7，13，19，28，38，44，共7道题目。

第4章

培养社交小达人，在人际交往中获得自信

一个人只有与他人构成良好的人际关系，才能充分发展自己的个性，实现自我的价值，展现自己的精神面貌。

4.1　孩子和他人的关系越亲密，内心越有力量

在儿童发展的早期，父母对孩子有着极其重要的影响。但随着年龄的增长、能力的提升，孩子会越来越多地走出家庭，花更多的时间与同龄人在一起，逐步建立起更加紧密的关系。同伴对孩子的影响，甚至会慢慢地超过父母。同伴交往也就成为孩子成长过程中不可或缺的一课。人是社会性的动物，在群体中获得归属感是人类生存的内在需要。一个孩子，如果始终游离在团体之外，不被团体接纳和认可，这样的生活环境对孩子的伤害是极大的。

1．不容忽视的同伴关系

良好的同伴关系会给孩子带来一系列的好处：同伴关系良好的孩子，会从同伴那里感受到更多的接纳和认可，安全感、自我价值感、幸福感都更强。孩子在班级中越是受欢迎，对新环境的适应能力越强，也越容易取得良好的学习成绩，而且年级越高这种影响越明显。同伴交往的过程也会带给孩子一系列学习成长的机会，是帮助孩子完成社会化的过程。

遗憾的是，并非所有的孩子都擅长与同伴交往，特别是对于缺乏自信心的孩子来说，与人交往更是一个大的挑战。孩子们可能会遇到各种各样的困境：有的孩子天生就更喜欢独处，会错过

很多与人交流的机会；有的孩子属于慢热型，虽然希望交到更多的朋友，却总觉得力不从心；有的孩子不擅长处理矛盾，友谊的小船说翻就翻；还有一些孩子不仅没办法得到同伴的支持，还常常被欺负，被孤立……这些被同伴所排斥的孩子，更容易出现社交失调、焦虑、抑郁、孤独等负面情绪，学习成绩和行为表现更容易出现问题和偏差。因此，同伴关系的质量是影响孩子自信心的一个不容忽视的因素。

读小学四年级的阿旭在班上一个好朋友也没有，他性格内向，不敢大声说话……

刚上小学一年级的小力因人际交往不佳，不能适应校园环境，导致不愿意上学，只能休学在家……

四年级的小红融入不了班级，想加入小伙伴的行列却总是被忽视、冷落……造成自己敏感、自卑的性格……

以上案例并不特殊，而且很多家长发现，随着孩子逐渐长大，社交问题成了孩子生活中最重要的问题。一个能够和他人融洽相处的孩子，不管是在学业上、情绪上，还是在行为习惯上，都要比社交能力差的孩子表现得更加轻松。因此，父母如果想要培养一个自信开朗的孩子，就一定不能忽视对他们社交能力的培养。

2. 集体生活中，一个“独行侠”的痛

没有自信的孩子会表现得非常退缩和懦弱，很难和别人建立友谊，极少和别人去交流，从而进一步加剧孤独的感觉。生活中一个独来独去的孩子，背后一定隐藏了很多不能言说的痛。

东东今年 13 岁，性格内向、自尊心特强、处事谨小慎微。

上小学时的东东虽然不爱讲话，但是学习成绩好，班里同学都爱找他帮忙解答作业题，东东每次都热心帮助同学，因此，他小学的生活过得还不错。

现在的他该上中学了，家里给他报了重点初中。这所学校的教学质量和管理都非常好，家人以为到了环境更好的地方他可以更加出色。没想到，入学后的东东发现班里的同学各个都是尖子生，他自己感觉压力超级大。他总以为别人时刻都在注意他、评价他，担心自己会出什么差错，让人瞧不起，而且还很自卑，经常自责。

生活中，他也几乎不和别人沟通，看到别的同学私下聊天，他以为别人在议论他，看不起他来自小镇，所以越来越害怕与同学交往。渐渐地，东东变成了学校里的“独行侠”，做所有事情全部独来独往，一天下来几乎不说一个字。父母想跟他沟通，他表现得又很自闭，不愿与父母交流。再后来，强烈的孤独感让东东无法忍受，他也因此拒绝上学。

青春期是自我意识迅速发展的阶段，因此这一时期的个体对他人的态度和评价特别敏感，而每个人又不可能很完美，一些青少年认为自己在某一点上不如别人，就以为别人会看不起自己，从而产生猜疑、嫉妒、紧张和焦虑等消极情绪。由于缺乏交往自信，所以他们在交往时常常表现出被动性和较强的心理防御性，从而使交往无法展开。我们从案例中看到的是，东东自卑敏感、不合群、喜欢独来独往、不想上学，但隐藏在孩子背后的痛是强烈的不被认同感及缺乏归属感，说到底是孩子在社交上遇到的困难影响了他各方面的发展，让他变得越来越自卑和退缩。

3. 孩子没有朋友，和自信心有什么关系？

建立自信心和交朋友之间有着密不可分的联系。自信的人通常更容易与别人建立联系和交朋友，而当孩子缺乏自信时，他们通常会觉得自己不如别人，在与人相处时，会表现出退缩和不自信的行为，这会让他们难以与别人建立真正的友谊。

玲玲在学校没有什么存在感。

当同学说："玲玲，你的新发型还不错！"玲玲羞愧地低下头，恨不得拿书盖住自己的头发。

绘画课上，老师让同学们分组创作一幅"太空"，玲玲站在角落一言不发，同学问她的想法，她说："我听你们的就行。"同学叹了一口气："你真是没劲。"玲玲听了，头埋得更低了，一节课什么也没画。

下课了，同学们都在操场上玩跳皮筋，玲玲站在一边看。看了一会儿，她发现别人都沉浸在游戏中，没有人注意到她，也没人提出邀请她加入，于是，她有点失落地回到了教室。

学校开运动会，老师建议玲玲参加300米接力赛。原本玲玲跑步成绩很好，但一听说要和别人配合，她就退缩了，担心自己的表现给同学拖后腿。

玲玲对自己的评价很低，认为自己没有能力胜任很多事情，在社交中敏感而又被动，虽然她很想和其他同学玩到一起，最终却也因为缺乏自信而导致“没什么存在感”。事实上，自信心与社交能力是一种相辅相成的关系。自信的孩子更容易获得好的人际关系，反之，拥有好的人际关系也能增强孩子的自信心。因此，父母帮助孩子跨过社交上的障碍，掌握必要的社交技能，拥有和谐幸福的人际关系，就能在很大程度上帮助孩子建立自信。

回顾本节

人是社会性的动物，在群体中获得归属感是人类生存的内在需要。一个孩子，如果始终游离在团体之外，不被团体接纳和认可，这样的生活环境对孩子的伤害是极大的。随着年龄的增长，同伴对孩子的影响会慢慢地超过父母。

---

❶ 良好的同伴关系会给孩子带来很多好处，遗憾的是，并非所有的孩子都擅长同伴交往，特别对于缺乏自信心的孩子来说，与人交往更是一个大的挑战。

---

❷ 没有自信的孩子会表现得非常退缩和懦弱，很难和别人建立友谊，极少和别人去交流，从而进一步加剧孤独的状态。生活中一个独来独去的孩子，背后一定隐藏了很多不能言说的痛。

---

❸ 自信心与社交能力是一对相辅相成的关系。自信的孩子更容易获得好的人际关系，反之，拥有好的人际关系也能增强孩子的自信心。

4.2 受同学欢迎的孩子，自信心更强

好朋友能在情感上给予孩子力量和鼓励。根据埃里克森的人格发展理论，小学阶段的同伴关系是非常重要的，它和孩子的自尊自信息息相关，自尊和自信又和孩子的学业成绩息息相关。在孩子刚进入小学的适应阶段，如果有几个小朋友是他已经认识的，对于孩子适应新生活会很有帮助。此时，熟悉的小朋友在新的环境里也能起到一个安全基地的作用，能够让孩子去探索新的环境和新的人际关系。研究发现，好朋友之间相处时，他们之间沟通的语言更加同频，称赞和肯定的词语使用更多，也会更加长久地一起玩复杂的游戏，合作更顺畅，情感上的表达也更多，比如微笑、注视、交谈等。所有的这些点滴互动，都让孩子通过同伴的眼睛发现自己的优势。

好朋友在孩子的生命中意义非比寻常，那什么样的孩子才是受同伴欢迎的呢？父母又该怎样引导他们成为一个这样的人呢？

1. 会合作、乐于助人的孩子更受欢迎

合作在孩子的一生中占据了重要位置。在交往中懂得合作的孩子，不仅在沟通上占优势，也会更受身边人的喜爱。这对他们的学习、交友等有很大的正向促进作用。会合作的孩子不管是在团队中，还是在日常生活中，都会受到身边人的欢迎，因为他们

懂得如何去和外界相处，并能够在和外界相处的过程中找到快乐。

奥地利个体心理学之父阿尔弗雷德·阿德勒也认为："假使一个儿童未曾学会合作之道，他必定会走向孤僻，并产生自卑情绪，这会影响他一生的发展。"因此，鼓励孩子学习合作，让孩子体验到合作的快乐，是父母需要重点引导的。那么，家长们该怎样在生活中培养孩子的合作精神呢？

首先，营造和谐的家庭氛围。家庭成员之间是互相联系的，任何一个成员的行为及其情绪变动，都会对其他人造成影响。对孩子而言，父母的行为以及互动会对孩子产生巨大影响，父母互帮互助也会让孩子内心产生美好的感受。因此，应该在营造和谐家庭氛围这方面多下功夫。比如，一家人常在一起做饭，共同参与某个活动等，在潜移默化中培养孩子的合作意识。

其次，让孩子感受合作之乐。如果孩子没感受过合作带来的快乐，就可能不愿意与别人合作，相反，当孩子从合作中感受到快乐时，他就会产生与人合作的愿望。比如小学生集体中的大扫除活动，不但能锻炼学生的自理能力，更能培养他们团结向上、集体合作的习惯。这种体验能带给孩子无穷快乐，可促使他们有意识地与他人开展合作。

最后，让孩子多参加集体活动。孩子经常"独处"，慢慢会变得不喜欢与人交往，容易形成内向、孤僻的性格。所以要尽量减少孩子"独处"的时间，比如平时可以邀请邻居或朋友家的孩子，一起做游戏或趣味性的智力题。孩子在参与这些活动时，需不断与人讨论，会自觉地意识到与他人真诚合作的必要性，合作愿望就会加强，合作能力也会大大增强。

2. 善于沟通、好好说话的孩子更受欢迎

古希腊哲学家苏格拉底曾说:“有一种能力,可以让人快速取得成功,并得到他人的认可,这种能力就是讲话。”在引导孩子与人交往时,家长的首要任务是教会孩子掌握必要的社交礼仪,使用礼貌的话语。

很多不被喜欢的“熊孩子”,在基本社交礼仪方面就没能过关。因此,家长要清晰地告诉孩子哪些是应遵从的基本礼仪,例如人应注重仪表,面带微笑,用尊重和平等的态度对待同伴,主动向他人介绍自己,多使用礼貌用语,有互惠和妥协的意识,真诚而讲信用,犯了错误要主动道歉等。

除此之外,在人际交往中,好好说话也是一项很重要的能力,不恰当的表达常常会使一个孩子在人群中处于尴尬的位置。有的孩子不懂主动去说;有的孩子说话太直接,口无遮拦。比如很多爸爸妈妈带孩子出门,孩子会时不时蹦出一两句没有礼貌的话,让家长无比尴尬。趁着孩子小,我们还能用“童言无忌”当借口,然而随着孩子的成长,如果不加以引导,很容易就养出一个“说话难听”的小孩。有位幼儿园老师说起这样一个小故事:

班上有个小女孩放学跟妈妈哭诉:“他们不跟我玩!”

妈妈听完心疼极了,以为孩子受欺负了,赶紧跑到学校找老师了解情况。

最后却发现,女儿受到同学们的排挤是因为她总是给小朋友起外号,喊他们“笨蛋”“猪头”,还喜欢抢其他小朋友的东西,伤害了别人自己却没有察觉,导致身边的小

朋友逐渐疏远她。

这种案例在生活中并不少见。很多孩子在家娇生惯养，到了集体中生活，不懂分享与礼让。有的孩子看到玩具就要抢，有的孩子看到别人玩强行加入，有的孩子喜欢嘲笑别人的缺点……虽说这些小事在孩子幼时很正常，但仍需要家长引导重视，日常生活中多向孩子示范和传授一些人际交往的技巧，引导孩子乐于分享、懂得帮助他人，让孩子学会及时道歉和表示感谢，把礼貌的表达挂在嘴边：

“请问能让我玩一会儿吗？”

“我可以加入你们吗？”

“我可以打断一下吗？”

如果能好好表达自己的需求，可能孩子在社交中会减少很多冲突。表达这项能力，完全可以经过后天的训练来培养，千万不要让孩子的社交生活输在表达上。

3. 尊重他人、能发现别人优点的孩子更受欢迎

著名管理学大师德鲁克在《旁观者》一书的前言里写了一段非常深刻的话：“当我对世界上形形色色的人都用一种欣赏的眼光来看的时候，世界变得非常美好。”

琼琼很不喜欢她的新同桌天天，妈妈问她不喜欢的原因。她说天天太胖了，上体育课时会出很多汗，身上会有汗臭味。妈妈问琼琼，天天平时身上会有汗臭味吗？琼琼想了想才说，“没有。”妈妈又问琼琼，“他有优点吗？”琼

琼列举了天天的很多优点，他学习好、爱帮助人、爱笑，等等。琼琼忽然没有那么讨厌天天了。

在人际交往中，我们会认识各种不同的人，总有人比你优秀，总有人不如你，没有对比就没有差距。每个人的经历不同，走过的路不同，见识自然也不同。你总有不如别人的地方，也总有自己的强项。每一个人都是独立的，都希望得到尊重和理解；每个人都不容易，做不到感同身受，也要学会将心比心；每个人都是与众不同的，都有跟别人不一样的地方，要学会放大他人的优点。

在独生子女时代，孩子们往往只关注自己的优点，而忽视了他人的优点。自私、自满、挑剔是这个时代孩子们的通病。作为父母，应该鼓励孩子多用欣赏的眼光看待他人，多发现他人的优点，学会赞美他人，这样才能拥有健康的心态去交朋友，友谊才会更长久。案例中，琼琼的妈妈引导她看到了别人的优势，当琼琼不再过于排斥对方，就会试着去接纳对方，也会懂得与人友好相处，孩子的人际关系将会处理得越来越好，对她将来的成长和社交发展也有很好的推动作用。

事实上，想要看到别人的优点也是有前提的，那就是拥有自信，先能看到自己的优点。只有当孩子看到了自己的优点，才会有勇气去发现别人的优点。所以，父母平时可以通过一些适当的比较，让孩子发现自己的优点，充分地认识到自己的优点。比如，妈妈可以和孩子玩“优点大收集”的游戏，跟孩子比一比，看谁说出的对方的优点多，谁就获胜。游戏还可以延伸至孩子的小伙伴，让孩子说说朋友们的优点，引导孩子发现别人好的一面，而不总是用挑剔的眼光去看别人。

在学习中不断完善自己，学会欣赏他人，学习他人的长处，增加自己的优点。当孩子学会了用欣赏的态度来对待身边的人，他的人际关系会越来越好，这些好的关系又会反过来给孩子很多正向的激励，能够增强他们的信心。

回顾本节

根据埃里克森的人格发展理论，小学阶段的同伴关系是非常重要的，它和孩子的自尊自信息息相关，自尊和自信又和孩子的学业成绩息息相关。好朋友在孩子的生命中意义非比寻常，那什么样的孩子才是受同伴欢迎的呢？

❶ 在交往中懂得合作、乐于助人的孩子，不仅在沟通上占优势，也会更受身边人的喜爱，这对他们的学习、交友等有很大的正向促进作用。

❷ 善于沟通，好好说话的孩子更受欢迎。

❸ 尊重他人，能发现别人优点的孩子更受欢迎。

4.3 被老师重视的孩子，自信心都不会差

进入学校后，孩子与老师相处的时间超越了父母。老师的价值观、教育方式、对孩子的态度等，成了影响孩子学习态度和身心健康的极大因素。

首先，师生关系会影响孩子的学习成绩和学习态度。

美国社会心理学家 R. F. 贝尔斯曾对 11～13 岁年龄段的孩子进行调查，发现当孩子跟老师之间的亲密性差、信任度低时，孩子就容易表现出上课不认真听讲、不愿意学习、不喜欢做作业等。当孩子信任老师，老师关心孩子，师生之间相互接纳、相互信任，孩子与老师之间就会建立起一种积极向上的情感关系，从而影响孩子的学习态度，激发孩子的学习热情。

其次，师生关系会影响孩子对学校生活的适应性。

对“幼升小”的孩子来说，当他们进入学校之后，老师就是孩子唯一可以信赖、依靠的成人。老师对孩子的态度，很大程度上影响着孩子对学校生活的适应性。比如老师的关注和喜欢，能够降低孩子对学校的陌生感和孤独感；孩子更积极地参加老师分配的任务，获得老师更多的关注，从而形成一个良性循环。这样的孩子更容易适应和融入校园生活。而与老师低互动、不太被老师关注或者被老师负向关注的孩子，在学校里找不到归属感，容易对学习和学校生活产生厌烦及抵触情绪。

小海很聪明，也很善良，在小学阶段成绩中上，是老师的关注对象，整个小学，他的表现都很好，没有让父母费心。但进入初中后，由于没有得到新老师那么多的关注，他就认为老师只关注学习好的孩子。觉得老师不公平，他开始跟老师对着干：上课公然睡觉，甚至写纸条骂老师……孩子总这样，老师管不了了，只能叫家长。一开始妈妈被叫到学校，就会觉得是孩子的问题，对孩子发火，又批评孩子。后来时间久了，妈妈又觉得是老师事儿太多，总找孩子毛病。发展到最后妈妈也焦虑了，不知道到底如何才能帮助孩子和老师建立好的关系。眼看着孩子变得自暴自弃，进入了游戏的世界不想上学……

最后，师生关系会影响孩子的心理健康。

学生的心理健康离不开老师的关注和支持，老师的关心和热情能让学生感受到学校生活的温暖。而老师的忽视和冷漠，则会让学生对学校和老师产生敌意和攻击、对学习产生厌恶、对自己失去信心。由此可见，不和谐的师生关系是学生产生心理障碍的温床。

有研究数据表明，师生关系得分高的学生，其自尊发展状况要优于其他学生。高自尊的孩子能与老师建立积极良性的交往关系，获得老师更多的关注、支持。这又促进孩子自尊的提高，形成良性循环，有助于孩子更加健康地成长。而低自尊的孩子，则怯于与老师互动交往，老师对他的关注度不高，或者是负向关注，造成他的自我评价降低，导致其更低自尊的形成。

老师在学生成长过程中起到了引领、指导和支持的作用，来自老师的认可和鼓励可以极大地提升学生的自信心和自尊心。良好的师生关系，有助于孩子形成良好的性格，建立正确的人生观、世界观、价值观；促进孩子对学习的热爱和探索，遇到问题时能够积极地面对和解决，能够正视自己的缺点和不足。良好的师生关系，可以建立起师生之间的信任关系，让学生敢于向老师寻求帮助、分享问题，促进师生之间更好地沟通。

家长作为孩子的主要监护人与负责人，有责任和义务架起老师和孩子之间沟通的桥梁。在帮助孩子和老师建立良好的关系时，父母可以从以下几个方面着手。

1. 孩子喜欢老师，老师也会喜欢孩子

孩子的童年几乎都有一位自己崇拜的老师，因为崇拜，孩子会去模仿他们的一言一行，将他们的要求和教诲谨记于心，时刻提醒自己做得更好，不让老师失望……所有孩子身上表现出来的这些对老师的积极情感和态度都可以用一个词来描述——向师性。

向师性是 2013 年公布的教育名词。何为向师性？就是学生模仿、接近、趋向于老师的心理倾向。它是指 4 岁以后的孩子，他们处在一个脱离母体，向外追求独立的一个阶段。在这个阶段，除了妈妈以外，又出现了另外一个权威——老师，孩子通过与老师的互动来判断“我到底是谁？”“我到底有多好？”“我到底有多值得被尊重、被爱？”。因此，老师跟孩子的关系特别重要，因为他是孩子自我认知和自我价值判断的一个参照物，而且老师在孩子的世界里面扮演的是建立规则的那个人。孩子跟老师的关系越紧密，孩子的规则感就越强，这就是为什么我们会发现老师一句话，有的时候会顶家长的十句话。

身为父母，我们要引导孩子与老师相互包容，引导孩子多发现老师身上的好品质，让孩子喜欢老师。事实上，老师与学生之间的相处并非总是一帆风顺，有时候他们之间也会发生摩擦和误会。由于缺乏社会经验，孩子看待问题往往有些片面，难免会误解老师的行为，这时家长就要担当“和事佬”的角色，帮助双方消除矛盾、误会，互相理解，互相包容，让孩子依旧尊敬老师，老师继续爱护孩子。

明明今天早上起床，死活不愿意去上学，赖在床上大哭发脾气。妈妈问了很久，才得知他是因为担心语文老师听写拼音。

因为明明小时候是在农村老家长大的，那时候说的都是方言，后来上学了才被妈妈接到城里开始学着说普通话。现在虽说日常交流没问题了，但拼音的声调总是让明明抓狂，每次听写明明总是写错很多。更要命的是，语文老师好像故意跟明明过不去，集体课上，明明和所有同学已经听写过一次了，他的老师却还总是找空闲时间，尤其是课间，专门叫上明明，单独听写一次。明明委屈得不得了，认为老师就是故意针对他，觉得他笨才让他一次次出丑。

妈妈了解完事情的原委后，耐心且明确地告知明明：“语文老师的行为绝不是故意为难你。”妈妈告诉他，新学期开始的时候，作为班主任，语文老师跟妈妈约了一次电话访谈，详细沟通了明明的成长背景，妈妈告诉语文老师，明明的普通话和拼音基础不太好，希望老师有时间可以辅导一下。语文老师现在一对一的听写不但不是针对他，反倒是对他的格外照顾。明明妈妈还说，语文老师是一个非常有爱心且公正的老师，他希望班里所有的孩子都能在她的帮助下成长进步，这才牺牲掉自己的休息时间，额外地给明明补课。

明明听完以后恍然大悟，自己真的是误解了语文老师的苦心和耐心。接下来带着对老师的崇敬和信任，明明刻苦学习拼音，很快就跟上了班级的整体步调。

明明的妈妈在处理孩子与老师的误会时，情绪稳定，言辞中肯，没有偏袒维护任何一方，只是实事求是地说出了自己了解的事情的全部，仅仅是描述这些事实，就让明明弄清楚了事情的全部真相。当明明确定老师的做法是善意的，他不仅不再恐惧拼音、反感老师，反而增强了他的向师性。当老师在他心中变得伟大，当他感觉到老师在乎自己，他开始喜欢老师、喜欢学习，也在这个过程中收获了成长和信心。

2. 重新定义“听话”的孩子

最近育儿界有一个很盛行的观点：不要培养“听话”的孩子！对待这句话一定要辩证地看。

在中国语言文化里面，当听话被用来指代乖巧、顺从和服从时，它更多意味着让孩子无条件地服从。在这个语境下，它的确不是我们希望看到的孩子的样子，我们不希望孩子是一个没有思想只会服从的机器。但是，这是不是意味着孩子就可以不听话、事事都要表达己见、和讲话的人对着来呢？

答案自然是否定的，特别是对于学校生活中的孩子。在群体环境下，遵守必要的规则，认真听从老师的指令是一项非常重要的技能。试想一下，如果学校的老师组织一场活动，每个孩子都按照自己的意愿和方式参与活动，那么乌泱泱乱糟糟的环境下，老师哪能如期地完成教学计划。因此，我们需要重新定义“听话”，引导孩子学会在集体生活中倾听老师的话，在这个语境下，听话更多地表示倾听的能力，比如老师讲话的时候，孩子需要眼神注视老师，将老师的指令记在心上，配合老师完成教学任务。

“听”在人们的交往中居于非常重要的位置，对于孩子来说，倾听能力是他们日常互动中接受信息最重要的手段。缺乏倾听能力的孩子，他们对听觉信息不敏感，无法在大脑里加工和利用听觉信息，他们对老师的指令和信息听而不觉，在上课时自然也无法把注意力转移到老师讲话上。很多孩子不遵守纪律、注意力不集中也是因为他们缺乏倾听能力。缺乏倾听能力的孩子会不自觉地阻碍老师正常开展教学活动，例如，有些孩子喜欢抢着回答，而别人发言的时候却不愿意听；有些孩子随意打断老师，很爱插话。

因此，培养倾听能力是帮助孩子与老师建立良好师生关系的一个关键因素。当孩子能准确无误地接收老师的指令，并迅速做出反应时，通常老师也能得到积极的正向反馈，对孩子的行为表示肯定和赞赏，师生关系也能越来越融洽。因此培养孩子倾听他人讲话的能力，做一个“听话”的学生是一件非常重要的事情。

3. 引导孩子和老师相处，父母该出手时要出手

一般来说，进入学校生活后，外向活泼的孩子会很自然地跟老师沟通交流，他们与老师建立关系会更快。但对于内向慢热的

孩子而言，跟老师的相处会让他们非常紧张，他们平日里最害怕被老师关注到，只想默默地藏在人群里不被发现。因此，比较而言，这样的孩子跟老师之间建立关系也会慢一点。

作为慢热型孩子的父母，首先要接纳孩子原本的特点，当他还没有准备好的时候，不要推着孩子去和老师建立关系；当他鼓起勇气迈出去时，父母要及时看到并给予肯定；当他们跟老师相处过程中发生了一些不愉快时，父母也要保持敏锐，及时帮助他们排解、梳理情绪，引导他们正向地看待事件本身。

因此，引导孩子和老师相处，父母需要根据情形做出判断：是让孩子自己试着跟老师相处，还是父母帮助孩子跟老师建立关系呢？很明显，父母完全放任让孩子自己摸索怎么跟老师相处，有可能会吓退孩子；但一上来就大包大揽，把孩子的师生关系问题都摆平也不是解决问题的根本之道。当孩子在学校和老师交往出现一些小问题时，不同的父母会采用不同的方式和老师沟通解决，这里的重点在于合理判断什么样的情形下才是父母该出手给予帮助的时候。

在处理孩子与老师之间关系时，有两类父母所使用的方式欠妥，反而将师生间的小问题演变成大问题：一类是甩手掌柜型的父母；另一类是过度维权型的父母。

甩手掌柜型的父母

这类父母“尊重师道”，将老师的地位和教育作用捧得过高。他们常把类似下面的这些话挂在嘴边：“孩子我交给您了，您该说说，该骂骂，我们都交给您了。”“对不起，老师！”“好的，老师！”“谢谢，老师！”他们很有素质，特别客气，对老师的任何要求都立刻响应，但之后却石沉大海，杳无音信，销声匿迹，实则是个甩手掌柜型的父母。当孩子和老师之间相处不愉快时，除非老师主动联系家长，否则他们出于对老师的“信任和尊重”，也很少主动去了解事件的详情，从而想办法引导孩子修复和老师之间的矛盾。

当父母持这样的态度和沟通方式时，他们就没有起到老师和孩子之间沟通的桥梁作用。父母推卸责任不但加大了老师的工作量，而且也让孩子感到缺少必要的家庭支持，给孩子带来负面的情绪体验。事实上，老师很喜欢能够和他们积极沟通孩子信息的家长，却不喜欢捧着老师、过于客气，实则把孩子教育都丢给老师的家长。

父母应该在孩子和老师之间扮演一个双向沟通的角色，既让老师对孩子多一些了解，也让孩子对老师有更积极的看法。当孩子能够感受到老师的温暖和爱时，他们就慢慢有了安全感和信任感，敢于在老师面前说出自己的感受和需求；慢慢地，师生间的沟通会越来越顺畅，师生关系也会越来越紧密。

过度维权型的父母

与上面的甩手掌柜不同，还有一类父母会走向另一个极端，对孩子在学校发生的不愉快经历“过度维权”。他们见不得孩子体验一点点的不愉快，不管是孩子和同学之间发生矛盾，还是和老师之间存在误会，一旦孩子表示出委屈，他们恨不得立刻冲到学校找老师“讨个说法”。

如果家长持这样的态度处理家校关系，不但不能帮助孩子修复所谓的“委屈”，反而将师生之间的关系越推越远。父母的过度干预和过度维权，干扰了正常的教学秩序，对学校、老师和学生，均会造成不利影响。用这样的方式即使维权成功，也只会让老师事后对学生“敬而远之”。

> 东东是出了名的调皮。老师上课时，他经常故意发出怪声，引得同学哈哈大笑，干扰老师正常组织教学。这天语文课上，老师请同学朗读课文，被叫到的同学朗读一句，东东就藏在桌子下面配一声动物的叫声，同学们哄堂大笑，把老师也气得不得了。为了正常完成教学计划，语文老师请东东离开教室，站在教室外面听课。
>
> 东东觉得受了委屈，回去将被罚站的事情告诉了爸爸。爸爸听后异常愤怒，认定老师的行为是体罚，老师的做法侮辱了东东的人格，打击了孩子的自尊。他找到东东学校，不依不饶，要求语文老师当众向东东道歉。

家长在处理类似问题时，一定要明白的一个前提是：集体生活有规则，孩子在学校的一切行为都得在规则范围内。将心比心，如果东东的爸爸是语文老师，看到自己的课堂被学生扰乱成这个样子，想必也不会不采取一些措施吧？至于老师使用的惩罚手段是否合理、合适也要根据当时的实际情况判定。如果一味地顾及孩子的感受，而损害周围人的权益，东东爸爸的做法不会被周围的人认可；即使他维权成功，事件的最终结局大概是老师放弃管教东东，任他随心所欲地发展。

事实上，孩子在学校最大的悲哀不是成绩差，不是常被老师叫去办公室，不是常被请家长，而是老师不再注视他，他做了什么老师都不在意。被老师完全放弃的孩子在学校的生活绝对是灰暗的。但是，很多时候孩子在学校被放弃不是因为孩子，大多数被老师“遗弃”的孩子是因为家长的过度维权。

10 岁之前，孩子们都还在学习社交规则和人际关系，父母要尽量给予正面引导。社交是基于孩子自己的社交经验，父母再怎么关心，也无法取代。作为父母，一定要把握好自己在孩子和老师之间的角色定位，起到缓冲和润滑的作用，行事的大原则是看自己的所作所为是否促进了孩子和老师之间的关系；否则，大包大揽或是咄咄逼人，只会拉大老师和孩子之间的距离。当孩子在学校得不到老师的关注时，各方面的问题就会层出不穷。

4．四个小技巧，让老师和孩子互相喜欢

好的师生关系能让三方都受益：老师组织教学变得轻松了，在指导孩子学习时更加高效；孩子参与学校生活更加积极了，在老师的鼓励和认可下各方面成长越来越迅速；父母的育儿困扰逐渐减少了，和孩子之间的关系越来越融洽。那么，父母该怎么帮助孩子与老师建立好的关系呢？

首先，让孩子学会从老师的角度思考问题。站在老师的角度思考问题，其实也就是换位思考，让孩子拥有同理心。当孩子对老师产生了抵触情绪之后，父母可以试着引导他站在老师的角度。比如，当孩子不喜欢数学老师，是因为数学老师在班级同学面前批评了自己时，我们就可以去引导孩子从多维度思考，我们可以这么跟孩子说：“我理解你，老师在同学面前批评你让你觉得很没面子，受了委屈，是不是？但是老师批评你是因为你的作业没有及时完成，希望你能够认真学习数学并且获得一个好成绩。虽然你觉得老师这个做法不恰当，你不喜欢，但是这并不代表他不是一个好的数学老师。”孩子在经过换位思考之后，可能对老师的抵

触情绪会有一些减少。

其次，父母可以在孩子面前多赞美老师，引导孩子发现老师的闪光点，让孩子慢慢地喜欢上老师。虽然我们都知道人无完人，每个老师都会有自身的缺点，但是也肯定有他独特的优势，因此在孩子面前，我们要引导他们看到自己老师的闪光点。父母可以跟孩子这么说："我觉得你们的老师很有责任心，我觉得你们的老师教学功底很棒，讲课讲得很不错。"也可以说："我觉得这位老师人很和蔼，应该很有爱心。"如果老师在和父母沟通中提及了孩子有哪些进步，那父母就千万不要吝啬，多和孩子说说，一定要让孩子知道老师的肯定。再如，开完家长会，可以和孩子说："今天家长会上老师说你上半个学期的表现都很优秀，成绩也进步了不少。"或者是老师和家长沟通之后，可以跟孩子说："老师今天给我打电话啦，说你这几天在学校里上课表现比之前认真很多，表现特别棒。"

最后，引导孩子主动和老师交往很重要。在学校里，老师可能每天要面对许多的孩子，有时候会应接不暇，因此难免会对孩子照顾不周，捕捉不到孩子的需求。这个时候，如果孩子能够主动地向老师表达，把藏在心里的事情跟老师说一下，有困难向老师求助，学习上遇到了难题，也经常向老师请教，那么他是一定能够得到老师帮助的。老师也是人，和孩子一样，他们也需要价值感和成就感，如果孩子能主动寻求老师的帮助，那么在这个过程中，老师也能感受到自己是被信任的，在帮助孩子的过程中感受到自己的价值。当双方的心理需求都被满足时，师生关系就会变得亲密和谐。

在构建和谐的师生关系上，以上我们谈论的都是孩子可以着手的方向，但事实上，好的师生关系除了老师和学生需要努力之外，家长也有一些可以做的事情，**最重要的一点就是尊重老师，积极配合老师的工作。**

没有人是完美的，老师也不例外。家长首先要摆正自己的位置，从心里尊重老师。即便老师某些方面未能达到自己的期望值，也要消除对老师的成见，心平气和地与老师交流思想、交换意见。另外也要从心里信任老师，在与老师沟通时，家长一定要说真话、表真情，在孩子面前要表现出对老师充分的信任和支持，这样有助于密切师生感情。老师的教学态度和责任心，可以从孩子的口中探知，如果孩子认可老师就不是问题。如果孩子不喜欢某位老师，也需要本着尊重和宽容的态度，了解孩子不喜欢老师的原因，从多个渠道了解问题的真相，千万不要将自己对老师的成见挂在嘴边，诋毁老师在孩子心中的形象。

回顾本节

师生关系的质量对孩子的成长发展起着至关重要的作用。孩子进入小学后，老师作为他们身边的最重要的成人之一，他们对孩子的看法、评价将直接影响孩子对自己的评价及各方面的表现。在帮助孩子与老师建立良性关系时，父母可以从以下几个方面加以引导：

❶ 培养孩子的“向师性”，引导孩子喜欢老师。

❷ 培养有倾听能力、能够积极配合老师工作的孩子。

❸ 客观地判断什么时候该让孩子自己解决与老师间的矛盾，什么时候该父母出手干预，既不做“甩手掌柜型”的父母，也不做“过度维权型”的父母。

❹ 掌握四个小技巧，帮助孩子与老师建立好的关系。

4.4　孩子不会社交怎么办？

1．孩子在社交中为什么这么被动？问题出在哪儿？

孩子发展的各个方面都是互相关联、互相促进的，不可能割裂地去培养。如果割裂地去培养，比如，看到孩子成绩不行就抓学习，感觉孩子身体弱就抓体育，觉得孩子情商低、不会处理人际关系就一门心思地推着他去社交……，这样的做法往往求而不得。父母想要孩子提高在社交方面的能力，就一定要从认知、情绪和生活环境等各个领域出发整体养育，因为这些都是影响孩子社交能力的因素。

首先，社交能力跟孩子的自我概念和主动性发展有关。在与人交往中，孩子是怎么认识自己、怎么评价自己的以及孩子是否能够自己做决定，这些都是影响孩子社交能力的关键因素。

一个对自己评价高、拥有能力感的孩子，在和他人相处时会更有信心，相信自己能处理好各种未知的情况。此外，自主感也是影响孩子社交能力的关键。拥有自主感的孩子相信自己有能力决定跟谁玩、玩什么、怎么玩，当他感觉自己有能力决定这些时，他们会具有更强的社交意愿，想要通过与别人交往、聊天和做游戏将自己的想法表现出来。因此，培养孩子社交能力和孩子的自主感、能力感密不可分，自主感和能力感强的孩子社交能力更强，反过来，社交能力的提高又增强了孩子的自主感和自信心。

其次，社交能力跟孩子的情绪发展有关。好的社交模式需要孩子有理解人类基本情绪的能力，有从对方的表情判断对方感受的能力；需要孩子具有同理心，不那么专横霸道，既会合作也会协商；它还需要孩子在与人交往时具备一定的自控力，能够根据情境调节自己的情绪，避免冲动。

当孩子在和别人相处的时候，并不是每一次都能符合孩子的心意，当交往的双方意见发生分歧时，一个易怒的、有攻击行为的孩子很容易在社交中碰壁。因此，父母要引导孩子做一个情绪相对稳定的孩子，不要动不动就不高兴，也不要一不高兴就用不好的方式发泄出来。教会他们将语言作为解决社交冲突的工具，遇到问题可以试着去说服别人，或者找到自己和别人都比较满意的折中办法，而不是用武力或宣泄情绪来解决问题。

最后，父母的教养方式也会影响孩子的社交能力。家庭是孩子学习与人交往的第一个场所，父母也是孩子的第一任模仿对象。我们怎么对待孩子，他们就会使用相同的方法对待周围的人，因此培养孩子的社交能力与亲子关系密切相关。如果亲子关系建立在平等尊重、接纳支持的前提下，遇到分歧时，父母和孩子采用积极沟通的方式解决问题，那么大概率孩子也能学会这种人与人之间的交往模式，将这种平等尊重的交往原则运用到小伙伴中间。打造一个愉悦的家庭氛围，跟孩子保持良好的关系，遇事积极沟通引导，给予孩子支持，孩子的自我会更加健全，自我评价会更高，情绪发展也更良好，那么他的社交意愿和社交能力自然也就不会差。

2. “不想”还是“不会”，精准诊断很重要

孩子的社交能力差，可能的原因有两个：不想和不会。不想

社交也就是没有社交意愿，不会社交则是缺乏必要的社交技能。父母可以针对自己孩子的情况认真分析孩子的问题在哪里，再有针对性地给予帮助。

首先，孩子“不想”跟人玩。除非孩子是 3 岁以内，否则这大概率是一个假象。一般来说，3 岁以前的孩子在社交上处于独自游戏阶段，大多数时候，他们都是自己跟自己玩，确实没有社交的需求和意愿。但随着孩子长大，作为社会中的一分子，每个人都需要在不同的团体里找到归属感，需要与周围的人互动，产生连接，因此“不想”跟人玩其实是一个假象。

其背后可能隐藏的首要原因就是自我价值感低，对自己缺乏信心，由于害怕承受在社交中被拒绝的风险，因此就把自己孤立起来，并假装自己不想跟人玩。对于这一类孩子，父母引导的重点是帮助孩子发现自己的价值，提高孩子对自我的评价。父母可以在生活中通过点滴的小事引导他们发现自己、感受自己的能力，当孩子做出一些细微的成就时，父母可以及时、客观地将这些成就描述出来，让孩子感受到鼓励和认可。随着孩子自尊水平的提升，父母再慢慢引导孩子将生活中获得的这些成就感迁移到社交上去，缓慢地遵循孩子的步调，鼓励他们主动去和他人交往。

其次，孩子“不会”跟人玩。父母引导的重点是教会孩子必要的社交技能。父母需要认真观察孩子不擅长的内容，如果问题在表达能力上，父母可以教会孩子“好好说话”，向他们示范日常沟通中使用有礼貌的语言和语气，清楚地表达自己的需求；如果问题在知识储备上，父母可以多和孩子阅读，多带孩子外出体验，当孩子的知识经验越来越丰富时，他们的好点子也会越来越多，逐渐地，就会有越来越多的小朋友想要和他一起玩了。

丁丁的父母工作特别忙，丁丁小时候父母没时间照顾他，就把他放在老家由爷爷奶奶抚养。今年春节过后，妈妈的工作稍微空闲下来了，父母就把丁丁接到了身边亲自养育。

不曾想，来到父母身边的丁丁好似换了一个人。原来和爷爷奶奶在老家时，丁丁算得上是村里的半个孩子王，每天跟家附近的小孩子们到处跑着玩。那时候，妈妈想和他通个电话都很难找到人。

现在，一切都变得不一样了。丁丁每天放学就按时到家，无精打采地写完作业后就开始发呆。妈妈询问了很久，终于得知了原因。原来丁丁的同学日常喜欢聊的话题，比如科技馆、航天飞机，还有滑雪什么的，丁丁以前没有接触过，总是插不上话，而他擅长的那些游戏方式，班里的同学也不感兴趣。时间长了，丁丁逐渐感觉自己和同学们是两类人，无法融入彼此的世界，丁丁也变得越来越内向了。

如案例中的丁丁，当孩子换了一个新的生活环境时，父母需要额外关心孩子的适应情况，从孩子的日常情绪来判断孩子的融入情况。如果发现孩子在新环境中遇到了困难，也要及时和孩子沟通，找出问题的根源，给孩子提供相应的帮助，让他尽快适应新环境。后来的每个周末，丁丁的妈妈都想办法腾出专门的时间，带丁丁穿梭在这个城市的各个地方，带他体验孩子们喜欢的娱乐项目，体验后还会和丁丁交流彼此的感受。当丁丁的生活和周围的同学保持一致之后，他们的共同话题也越来越多了。很快，丁丁又变回了那个活泼开朗的小男生。妈妈的支持不仅让他在社交上突破了障碍，而且每个周末妈妈用心的陪伴也让丁丁感受到了满满的爱，他对自己的评价越来越高，也越来越自信了。

3. 引导孩子“情绪稳定”，是减少社交冲突的重点

明明像一只刺猬一样，平时和同学相处时，经常因为一点点小事而情绪失控。比如，当他在专心地拼积木时，有其他小朋友从他旁边经过，如果恰好他手中的积木掉落，他就会迁怒于身边的这位小伙伴；在教室里，当他看到其他同学聚在一起聊天说笑时，总感觉别人是在议论他、嘲笑他，因此便对这些同学大吼大叫；其他同学一句漫不经心的玩笑话，他都会信以为真，冲别人大打出手，平时更是惹不得，他觉得全班同学都针对他。这样的明明不仅让老师头疼，更成了一个没有人一起玩的孤家寡人。

生而为人，每时每刻都在体验着不同的情绪，且表达情绪也是人类生存的正常需求。但如果每个人表达情绪的方式都如案例中的明明一样，那人际关系将会变得矛盾和冲突不断。因此，如何恰当地表达和调节情绪是一门学问，需要孩子在生活中逐渐习得。一个情绪稳定的孩子，能妥善地处理好与他人之间的小摩擦，更加有“情商”，更加受欢迎。在孩子成长的早期阶段，父母采取恰当的情绪教育策略不仅能帮助孩子更好地发展情绪能力和人际交往能力，而且教导过程中父母和孩子的互动也是亲子共同成长的难忘时光。

那么，父母在孩子的生活中可以做哪些事情来帮助孩子成为

自己情绪的主人呢？

首先，父母需要帮助孩子认识情绪。由于情绪是一种复杂且较为抽象的身心体验，年龄较小的孩子认知水平尚未发育完全，当遇到诱发情绪的事件时，他们可能不知道该如何应对，只能用原始的方式来表达，例如哭闹、扔东西等。这些行为背后传递出了孩子当下强烈的情绪状态，但由于语言表达的有限性，孩子常常说不出来，此时父母便可以将孩子的这种感受描述出来，向他们示范“情绪命名”。比如，一个孩子正在搭建房子，此时，从他身边路过的爷爷不小心碰倒了房子，孩子气得号啕大哭。这个时候，父母除了安慰和拥抱孩子之外，还可以向孩子解释刚才发生的事情，引导他们把自己的感受与当下的情境做出配对，比如，“爷爷碰倒了你的房子，你是不是很生气，很愤怒，也很委屈呢？”这样不仅能让孩子知道自己哭泣背后的原因，还能学会具体描述情绪的词语。

其次，父母需要引导孩子用正确的方式表达情绪。当情绪积攒到一定程度时，人们会采用某些方式将其表达出来，以释放强烈情绪带来的身体紧张感。如果在一个家庭中，父母对孩子的情绪不敏感或者不允许孩子表达情绪，而是一味要求他控制、冷静，孩子既无法学会采取适当的策略去调整情绪，而且他经常被压制，情绪没有出口，有时候甚至会大大爆发一通，因为往往在爆发的时候就能引起父母的注意了。所以父母一定要接纳，帮助孩子调整情绪。

针对低龄儿童认知发展特点，父母需要引导孩子明白：情绪的出现并不是问题，如何表达情绪才是关键。在不伤害自己和他人的情况下，适当地呐喊和运动等方式都可以起到发泄情绪、缓解紧张的作用。除了用行为发泄情绪外，父母可以引导孩子用言语来表达情绪。这个表达的过程不仅能锻炼孩子的思维组织能力、语言表达能力，还能使孩子学会用恰当的语言与他人沟通，发展人际交往能力。

再次，亲子合力共同解决情绪问题。当孩子遇到情绪问题时，父母需要尊重他的情绪体验，和他一同探索如何解决问题。例如，父母可以这样对孩子说："同学说你坏话，你感到很生气，打了他一拳。在这个时候，你感到生气是正常的，但是打人是不好的，我们还可以怎么做呢？"并且在此过程中，父母还可以给孩子提供调节情绪的策略。例如，"你感到生气的时候，尝试深呼吸让自己的情绪平复下来，然后再向老师寻求帮助。"

同时需要注意的是，并不是消极情绪一出现就要立刻去解决它。在某种程度上，消极情绪对人类的发展具有适应性意义。父母要做的是让孩子学会将消极情绪控制在合理的范围内。

最后，父母还可以调整自身的行为，做孩子情绪调节的榜样。家庭是孩子的第一所学校，父母更是孩子认识事物、探索世界的榜样。父母的情绪行为会潜移默化地影响孩子的情绪管理能力。

研究发现，在压力情境中，孩子会参照父母在相似情境中的调节策略来理解情绪事件的意义，并以相同的方式去管理自己的情绪表现。一方面，父母积极调节自身情绪能给孩子树立适宜情绪体验、控制情绪表达等方面的榜样，从而促进孩子情绪调节的良好发展。另一方面，情绪调节能力高的父母不仅善于管理自己的情绪，也善于有效应对其他家庭成员的情绪，由此营造良好的家庭情绪氛围。家庭中积极情绪的表达有利于提高孩子的情绪调节能力，而过多的消极情绪表达则会阻碍孩子情绪调节能力的发展。

4．教会孩子“换位思考”，是被人接纳的秘诀

换位思考也叫同理心、共情，指的是孩子能够站在对方立场设身处地思考的一种方式，即在人际交往过程中，能够体会他人的情绪和想法，理解他人的立场和感受，并站在他人的角度思考和处理问题。有了同理心，孩子就不会处处挑剔对方，抱怨、责怪、嘲笑、讥讽等不好行为也会大大减少；取而代之的是赞赏、鼓励、谅解、扶持。这样一来，人与人的相处便变得愉快、和谐。无论在日常工作中还是在生活中，凡是有同理心的人，都是善于体察他人意愿、乐于理解和帮助他人的人。这样的人最容易受到大家的欢迎，也最值得大家的信任。事实上，同理心既是人际交往的基础，也是个人发展与成功的基石。

5．树立正确的友谊观，平和对待社交关系中的各种变故

家长要帮助孩子建立正确的友谊观。既要让孩子对伙伴关系有足够的重视，把同伴交往作为一项重要的“人生课题”来看待，积极地投入与同伴交往的活动中；同时也需要引导孩子认识到友情是非常多元的，就像石子投入水中引起的涟漪一样，存在一个差序格局，有远近亲疏的差异，有聚也有散。和朋友相处时，需要付出真诚和善良；如果不得已分开，也要平和拥抱这些新变化。

年龄不同，孩子们眼中“好朋友”的含义也往往不同，他们对待同伴关系的态度，也和他们如何定义朋友密切相关。哈佛大学心理学教授、儿童行为学专家罗伯特·塞尔曼根据对不同年龄儿童的系统访谈，对儿童友谊的发展趋势提供了五层框架。

0 级友谊——3～6 岁

6 岁以前的孩子把朋友视为一时的玩伴，他们的友谊都是在

玩耍中建立起来的。这个阶段的孩子还没有“他人”意识，只有“自我”，日常行为容易瞬间变化，不擅长成为可靠的朋友，经常说“你今天不是我的朋友！”这样的话。

一级友谊——5 ~ 9 岁

这个阶段的孩子很关心朋友，但对朋友的定义仅仅是对他们有好处的人，比如分享礼物，对方让他玩自己的玩具，但是他们没有真正想到自己为友谊做出了什么贡献。

二级友谊——7 ~ 12 岁

6 岁以上的孩子非常关心公平和互惠，但是他们以一种非常僵硬的方式来思考这些问题，如果他们为一个朋友做了一件好事，他们希望那个朋友在下一个机会为他们做点好事。如果没有发生，友谊的小船就会翻掉。他们开始在意同辈间的“规则”和评价，比如会介意自己因为没有和同辈们相似的发型而遭受嘲笑。孩子之间的“小团体”“秘密俱乐部”就是在这个时期开始形成的，这些群体包括精心制定的规则和大量关于谁或不被列入成员的讨论，但往往很难维持长久。

三级友谊——8 ~ 15 岁

在这个阶段，朋友们互相帮助解决问题，且愿意分享自己私密的想法和感受。他们知道如何妥协，开始真正关心对方的感受；不过，如果一个好朋友选择与另一个孩子在一起，他们会深深地觉得被背叛。不过他们会试图用友谊作为讨价还价的筹码，比如，“如果你这样做，我会成为你的朋友”，或者“如果你这样做，我就不会成为你的朋友”。

四级友谊——12 岁以后

该阶段的友谊以双方互相提供心理支持和精神力量，互相获得自我的身份为特征。由于择友更加严格，所以建立起来的朋友关系持续时间都比较长。

按照孩子的发展规律，小学阶段（6 岁以后）是开始交友的阶段，在小学阶段孩子的同伴关系其实是非常重要的。同伴关系和孩子的自尊自信发展是息息相关的，而自尊自信的发展和孩子的学业成绩又是息息相关的，可以说，同伴关系的质量影响了孩子在整个小学阶段各方面的表现。那在小学阶段的孩子眼中，好朋友是什么呢?

6 岁以后的孩子对自己的性格、喜好、特长等有了更加清晰的认知，表达能力发展迅速，通过前几年社交经验的积累，可能也大致了解了自己与什么性格的人相处起来更舒服，会形成比较固定的交友模式和朋友圈。他们通常会有几个形影不离的好朋友，每天一起上下学，一起讨论题目，有共同的兴趣爱好，也有很多专属小团体之间的暗语，情感上有些排外，别人很难加入。他们虽然“如胶似漆”，却也经常因为意见不合而吵架，情绪调整能力有限，交友的策略也有限。

总的来说，小学阶段的孩子，一方面重视同伴关系，另一方面由于缺乏必要的社交策略，不会妥善处理分歧，会经常面临“我不和他们做朋友了！”或是“他们不让我和他们做朋友了！”这样的困境。这个时候，父母可以做些什么呢?

小红和小萱是一对好朋友，做什么事都在一起，形影不离。同学们都羡慕她们的深厚友谊。最近，小萱新交了一个朋友小雨，她会带着小雨一起跟小红玩。刚开始，她们三人相处得还比较愉快。后来，小红渐渐感觉另外两个人似乎关系更加密切，有一些活动不邀请她加入，也会背着她说一些悄悄话。

为了挽回友谊，小红每天变着法地讨好小萱，比如帮她写作业，给她带零食，还会帮小萱撒谎骗老师，遗憾的是，小红做了这些也还是没有能找回她的友谊。小红特别难过，认为小萱不够忠诚，背叛了她们的友谊，小雨自私霸道，抢走了她的好朋友。

现在小红的心思每天被这些复杂的人际关系所占据，干什么事情都提不起精神，学习成绩也逐渐下滑了。

每一种感情都会遭遇危机时刻，孩子间“脆弱”的友谊更是如此，教孩子学会处理情感中的危机是授之以渔的事。当孩子的友谊出现危机时，家长需要做的第一步是教孩子识别“有害友谊”。

什么是“有害友谊”？当孩子在一段关系中感受到的都是负面糟糕的情绪时，这段关系就是“有害友谊”。比如，孩子经常不开心甚至哭泣；自信心萎靡；对以前喜欢的活动失去兴趣；为了让朋友开心一味讨好对方被嘲笑、轻视；提出的想法总是得不到重视；在一段友谊中一直没有进步；产生了厌恶自己的想法；等等。这些都是不健康的友谊，它不但不会给孩子的内心充电、鼓励，反而一直在摧残孩子的自尊。

孩子如果处在这样的一段同伴关系中，父母一定要及时伸手将孩子拉出来，并引导孩子掌握正确的友谊观：好的友谊会给人力量，同伴之间相互的鼓励、肯定、学习、模仿会让双方都变得更好；反之，如果在一段同伴关系中感受很糟糕，那就要及时放弃它，去积极拥抱下一段友情。人生之路还很长，不用担心自己会孤单，只要孩子拥有乐观、善良和真诚，他就一定能找到志同道合的好朋友。

回顾本节

孩子由于社交能力弱而产生自信心不足的问题，父母需要着力帮助孩子提高与人交往的能力，将他人对孩子的正向反馈变成为孩子的自信心注入能量的重要途径。父母可以着重从以下几点做起：

1. 养育孩子需要有整体观，父母需要挖掘问题背后的深层原因。看似社交能力不足，背后可能是孩子的自尊水平不足、自我价值感低、情绪控制能力差，等等。

2. 是“不想”跟人玩还是“不会”跟人玩？不同的原因，需要不同的应对措施。

3. 情商在社交中非常重要，引导孩子情绪稳定且具有同理心是帮助孩子与人相处的重点。

4. 引导孩子正确看待友谊，既要远离“有害友谊”，也要真诚地对待小伙伴。

4.5　独子家庭怎么培养孩子的社交能力？

雷雷马上上幼儿园大班了，最近每天晚上妈妈都会带他出去玩。小区广场上有六七个男孩子，都是他们班同学，每天晚上一起玩游戏。

雷雷妈妈观察到，雷雷好像总是跟别人玩不到一起，要么是不参与，要么就是玩着玩着就不按游戏规则来，导致游戏很快就中止了。广场上的小朋友很多，但似乎雷雷融不进任何一个小团体，经常跟妈妈说没有小朋友跟他玩，他不要下楼。

妈妈反思了一下雷雷的成长环境，作为独生子，雷雷在家得到了很多长辈的关爱，他很擅长跟成人交往，却不太会跟同龄人相处。而且关于社交，妈妈认为全家没有一个人擅长：爷爷常年在家办公，一个朋友也没有；奶奶常年在家围着厨房转，也从来不参与小区奶奶们的唠嗑；爸爸更是一个朋友也没有。这样分析下来，雷雷现在在社交上的短板其根源在于没有学习社交的环境。像雷雷这样的家庭环境，父母可以怎么帮助他学习社交呢？

1．养育一个孩子，父母需要“建设一个村子”

父母可以教会孩子很多技能，但社交技能除外，因为社交技能只能在真实的环境中让孩子学会。非洲部落有一句谚语：“培养孩子需要一个村庄。”这句话很好地诠释了社区环境的重要性。在一个类似于村庄的社区环境里，孩子和社区里的每个人都很熟悉，孩子和孩子之间随时随地可以游戏玩耍，孩子们经常有机会到别人家串门，这些社交经验，对他们的成长才是最重要的。作为独生子女的父母，为孩子创设社交的机会，让孩子能够找到志同道合的伙伴，就是父母能提供的最直接有效的支持。

对于小一些的孩子，他们会比较频繁地想要去别的小朋友家玩，也会比较频繁地邀请小伙伴来家里玩。父母要看到这种需求，要尽可能地提供支持。在关系建立的初期，可以通过邀请小朋友到自己家里玩，或者与小朋友的家庭相约一起到某个适当的活动场所等方法，主动帮孩子创建与同伴交往的机会，手把手带着孩子建立关系。

随着孩子年龄的增长，家长要给孩子越来越多的信任，除了紧急危险的情况外，要以鼓励孩子自主解决问题为主。当孩子在交往中遇到了冲突和矛盾，父母应该先让孩子自己处理。成人不把冲突和矛盾当成完全负面的事件，孩子才会从冲突和矛盾里学到更多。让孩子有机会在冲突中培养抗挫折能力，在悬而未决的过程中提升对不确定性的容忍度，在解决问题的过程中体验到自己的价值感。当然，当孩子做出了各种尝试，仍无法自行处理，前来向家长求助时，要在倾听孩子想法的基础上，耐心而积极地回应，提供解决方案。

2. 培养孩子的社交，也需要父母的示范

如果说给孩子创设一个“村庄”是给孩子的社交创造了一个可能发生的外部环境，那么父母的社交示范则给孩子提供了一个

可以模仿的对象，想让孩子爱交朋友，会交朋友，父母先多参加社交活动。分享一位妈妈支持孩子社交发展的经历：

我本身是一个特别喜欢安静的人，但是为了孩子，我不得不先改变自己，跟周围的朋友逐渐熟络起来，尤其是有孩子的朋友，经常带着孩子一起参加聚会，去彼此家中做客。大人们在一起聊天，开玩笑，很热闹，很轻松。一开始女儿非常不适应，见到人就躲，后来跟朋友家的孩子熟悉起来了，就能一起愉快地玩游戏了。

女儿上了幼儿园之后，我每天接她放学的时候，都不着急走，而是留下来在园里多玩一会，和其他孩子的爸妈聊着聊着就熟悉起来了，周末的时候约着一起去公园野餐，带孩子一起去各种博物馆参观。

我还告诉女儿：你可以邀请你的同学来家里玩，爸爸妈妈很欢迎的。一开始女儿有点不太敢邀请，直到她跟一个同学特别熟悉了以后，才提出邀请她来家玩。那次我特别配合女儿，那个小同学在我们家度过了非常愉快的一个下午，以后不断来我家，后来来做客的小朋友越来越多，女儿的社交能力也越来越强。

女儿在幼儿园三年过得非常开心，几乎没有闹着不去上学的情况，都是说："我明天跟谁谁谁约好了，去做什么事，所以我得带着我的什么东西去学校。"还经常听她说："谁谁谁想和我做朋友，我同意了。"

女儿上小学之后，学校经常组织活动外出，我会给女儿多备一些小额零用钱，鼓励女儿在保证安全的情况下请同学们喝水、吃零食、玩游戏等。

如案例中的妈妈，她可能原本也不善社交，但是在支持女儿发展的路上，母女俩都做出了改变：孩子通过观察父母及其与朋友的相处，逐渐打消了对陌生人的疑虑，观察父母和朋友之间的沟通方式，感受到了与人交往的轻松和愉快。渐渐地，这些技能和感受就迁移到孩子自己的生活当中，在与人交往方面，孩子越来越得心应手了。在帮助孩子克服害羞和自卑感，提高自信心和人际交往能力方面，没有什么比父母的亲身示范更加高效。

回顾本节

当代独生子女家庭已经成为主流的家庭教育结构。每个家庭只有一个孩子，在孩子成长过程中许多宝贵的混龄社交机会不再有，而这些机会对孩子的发展又有着不可替代的作用。面对这样的境况，当代父母需要思考如何在独生子女的环境下最大能力地助推孩子的社交发展。

1. 养育一个孩子，父母需要“建设一个村子”，多给孩子一些与他人交流的机会。

2. 培养孩子的社交，也需要父母的示范。如果说给孩子创设一个“村庄”是给孩子的社交创造了一个可能发生的外部环境，那么父母的社交示范则给孩子提供了一个可以模仿的对象。想让孩子爱交朋友，会交朋友，父母先多参加社交活动。

小测试　孩子的社交问题在哪里？

下面语句描述的是孩子日常生活中与人交往的情况。请仔细阅读题目，根据孩子的表现在符合情况的选项中打“√”，在不符合的选项后面打“×”。

1．在与异性交谈时，孩子会感到紧张。

2．孩子认为自己不可能找到一位合得来能聊天的同性同学。

3．孩子认为父母过于干涉他的事情。

4．孩子认为老师从来没有真正理解他。

5．学校里的小组讨论时，孩子不喜欢与异性同学合作。

6．孩子没有同性好友。

7．孩子认为父母不真正了解他。

8．孩子认为即使他表现出色，老师也视而不见。

9．孩子瞧不起异性。

10．在任何情况下，孩子都不愿帮助异性同学。

11．孩子认为同性朋友在他遇到任何困难时，都不会做他的后盾。

12．孩子很少与父母交流。

13．孩子暗自思慕异性。

14．孩子常被同性谈论、愚弄。

15．孩子认为自己不可能与异性成为朋友。

16．在一个集体里，孩子与同性同学合作得不好。

17．孩子与异性交往不知如何更好地相处。

18．陌生人向孩子求助时，他总是尽力回绝。

19. 有时孩子觉得老师故意找他的麻烦。

20. 在公共场合，孩子不愿接受陌生人的帮助。

21. 孩子被异性瞧不起。

22. 孩子更愿意与同学而不是与父母一起出去玩。

23. 孩子认为老师对自己很轻视。

24. 孩子与同性不能和睦相处。

25. 孩子易受同性排斥与冷漠对待。

26. 迷路时，孩子宁愿自己看地图，也不愿向陌生人问路。

27. 孩子与异性来往感觉不自然。

28. 孩子时常伤害同性朋友。

结果说明：父母填完之后自行与下面的分类对比，符合的某类选项越多，说明孩子与该类型的人相处时遇到的挑战越大。

异性关系项目：1，5，9，10，13，15，17，21，27；

同性关系项目：2，6，11，14，16，24，25，28；

师生关系项目：4，8，19，23；

父母关系项目：3，7，12，22；

陌生人关系项目：18，20，26。

第5章

提供资源和方法，在能力中提升自信

"没有任何方法可以不去先教'表现满意'，而直接教'感觉满意'的。"

——"积极心理学之父"马丁·塞利格曼

5.1　干啥啥不行，孩子不可能有信心

1．让孩子感觉好还是让他表现好，哪个更重要？

自信是对自己能力的评估以及由此带来的情感体验，所以自信不仅仅涉及情感体验，也涉及自己的能力。积极心理学创始人马丁·塞利格曼认为，自信首先是一个情感体验，是高兴、是满足、是愉悦，等等。其次，这种良好的感觉不是凭空而来的，它必须根植在我们做成一些事情上。这就构成了自信的两个方面，“感觉好”和“做得好”，两者缺一不可。

尽管接纳、鼓励和认可，让孩子感觉好是培养孩子自信心中很重要的一个方法，但很长一段时间，父母又走向了另外一个极端：他们迫不及待地想要孩子感觉好，且只让孩子感觉好。这一点不管是在 20 世纪西方国家的自尊运动中，还是在我国前几年的奖赏教育中，都上演了相似的场景。

“感觉满意”和“表现满意”构成了自信心不可分割的两个组成部分，前者意味着“我认为我能行”，后者意味着“我做到了，我能行”。如果过度重视“感觉满意”，而忽略“表现满意”，那些不切实际的肯定、赞赏和表扬容易让孩子产生“我什么都不需要做，我就是最棒的”核心观念，而一旦他们在行为上受挫，他们就不愿再做出任何行动了。

所以，空洞地去称赞孩子，让孩子感觉好，其实对提高孩子

的自信没有什么帮助，重要的是让他有能力表现好。事实上，感觉好往往不是凭空而来的，感觉好和做得好是紧紧联系起来的。

> 学校要组建一个合唱团，莉莉的妈妈鼓励她去报名参加。莉莉说，自己唱歌五音不全，去报名一定会落选。妈妈看到莉莉沮丧的样子就鼓励她说：“我觉得你唱歌非常好听，就像小天使在唱歌一样，我一听都停不下来。你去试试吧，肯定能被选上！”
>
> 在妈妈的称赞和鼓励中，莉莉鼓足勇气报了名。评选结果出来了，莉莉果然落选了。她特别难过，还说妈妈明知道是这样的结果，还让她去同学面前丢人，她简直要气死了。
>
> 妈妈却说：“我觉得你刚才唱的确实很好呀，别的同学唱的还未必有你的歌声动听呢。”莉莉听后，把书包扔在妈妈身上，跑开了。

落选合唱团的莉莉，感到难过是自然的，但她气愤的远不是自己落选和丢脸这件事，更是自己明明清楚自己的实力，妈妈还是鼓励她去参加自己不擅长的事情，夸大的鼓励让自己昏了头，去做了不切实际的事情。

莉莉的妈妈从头到尾都想着给孩子多一点鼓励和力量，但随着孩子长大，他们会对自己的能力有更加客观的认识，如果只是靠着虚假的称赞来维持孩子的自尊和做事情的信心，终究是会被孩子识破，且会有一种被戏弄的感受。也就是说，如果孩子不具备能力，空有来自父母虚假的夸奖，只会让孩子越来越没有信心。

2．胜任感是培养孩子自信心最重要的助推器

孩子天生渴望获得胜任感，他们花大量的时间来探索和控制这个世界，并渴望在这个过程中获得父母的认同，让他们感觉到自己是有能力、有价值的，以此来激励自己不断努力。美国人格心理学家罗伯特·怀特曾指出：“人类有胜任的基本需要，即相信自己能够有效应对环境的需要。”那么，胜任感是什么呢？它是指一个人从一件件成功的事情中，获得正面的心理回馈，感受到自身的价值。它让人感觉到自己是有能力的，有信心积极面对下一次挑战。

胜任感是成就感的累积，它让一个人很容易判断自己是否能胜任某项工作。这种预先对自己能力的判断很大程度上决定了一个人的行为选择：面对一项工作，如果一个人认为自己有胜任感，他就会更有信心去尝试和挑战；如果没有这种胜任感，他就会放弃尝试。

在培养孩子自信心时，父母要重视让孩子多体验这种胜任的感觉。

首先，父母要给予孩子合适的鼓励。获得鼓励和认同是人类的一项基本需要，每个人都需要让自己的价值得到认可。对于孩子来说，赢得父母的鼓励和认可更为重要，可以说，鼓励是激发孩子胜任感的外部推手。

其次，让孩子获得胜任感，父母要给予孩子自主和主动的机会。

周六晚上，小美心想：明天我把三张卷子做掉，然后把看了挺久的一本书读完。小美心里还揣摩着，到了周日

晚上收拾书包的时候，“若无其事”地和爸爸妈妈说一下做了这些事，然后爸爸妈妈一定会觉得我做得真棒啊。

结果周日早上刷牙洗脸时，妈妈就说：“小美，你今天抓紧点，那三张卷子都给我做掉。还有，一本书拖拖拉拉看了两个星期都没看完，不要拖到下周了。”

小美一下子就泄了气，感觉真没劲。

面对同样的任务——做完三张卷子和读完一本书，小美的心境可以说是发生了天翻地覆的变化。如果一切按照小美的想法，什么时候完成任务、完成多少，这些都能由她自己来决定，那么，在这个过程中她就感觉到自己可以合理地规划时间，有做计划的能力，有很强的执行力，所有这些都能让小美感受到掌控感和自主感。可偏偏大人这时候插了进来，让任务变成了任务本身，而且小美从大人的话里不仅听出了催促和抱怨，甚至还有一些对她的失望和不信任，这些情绪叠加在一起，深深地伤害了小美的胜任感和自尊心。因此，在让孩子体验胜任感时，一定记得给孩子多留一些时间和空间，让他们有机会主动、自发地做一些事情。如果孩子可以自己做主完成一些事情，即使这些事情微不足道，它们也能给予孩子满满的成就感和信心。

最后，“做得好”才是激发孩子胜任感的底层力量。

父母们容易陷入一个误区，认为只要鼓励孩子，他们就可以面对挫败、获得自信。鼓励虽重要，但如果孩子没能获得现实的成就感，对自己的真实表现不满意，他们的“感觉满意”就不会持久。来看看一位妈妈和咨询师之间的对话：

妈妈：“我觉得鼓励孩子比共情孩子还要难，当孩子动不动就想放弃时，我怎么鼓励都没有用。”

咨询师：“我们为什么要鼓励孩子呢？”

妈妈：“因为孩子需要鼓励，鼓励让他觉得自己是有能力的。”

咨询师：“那么，是不是只要有了鼓励，孩子就会觉得自己有能力呢？”

妈妈：“我就是一直鼓励他，可他好像还是认为自己没有能力。”

咨询师：“如果换作是你，有一件事情你一直做不好，除了鼓励以外，你还需要什么来帮助你坚持下去？”

妈妈沉默了好半天，然后说：“也许，还需要有人帮我一下，或者说至少这件事能让我看到一点儿希望。”

是的，我们最终要归于现实，鼓励能激起我们的斗志，但我们还需要知道自己真正能做些什么。无论通过自己的努力还是别人的帮助获得的现实成就，都会让人看到希望。现实成就让孩子对自己的真实表现感到满意，这是虚幻的鼓励所无法给予的。

孩子实际拥有的能力是影响孩子自信心水平的真正因素，即如果孩子能力差，什么都不会，那么自然会影响孩子对自己的评价，与同伴的交往，与老师的相处，甚至还会影响亲子关系。因此，脚踏实地地帮助孩子获得能力和技能，才是帮助孩子获得自信心的重中之重。

回顾本节

自信是对自己能力的评估以及由此带来的情感体验，所以自信不仅仅涉及情感体验，也涉及自己的能力。“感觉好”和“做得好”，两者缺一不可。

❶ 让孩子“感觉好”很重要，但让他有能力“做得好”更为关键。

❷ 胜任感让人感觉到自己是有能力的，更有信心积极面对下一次挑战。在培养孩子自信心时，要重视让孩子多体验这种胜任的感觉。

5.2　学习不好怎么找自信？从提升成绩开始

1．学习好，孩子的自信心往往不差

面对孩子学业上的障碍，很多家长会自然地将其原因归结为孩子的学习习惯或者学习能力有问题，例如“不认真”“不努力”“能力不足”。他们认为自己的孩子就是因为这些才无法取得更好的成绩。但近些年来，教育界的研究专家开始把目光放在自信心和学业表现之间的关系上。

通常来说，在学校里，但凡学习成绩优异的孩子自信心都比较强，反观那些学习成绩一般或成绩较差的孩子，他们的自信心大都不是很强。于是，便出现了这样的情况：成绩好的孩子自信心强，自信心强又使孩子能把自己的本领发挥到极致，学习成绩会越来越好，这是一个良性循环；而成绩较差的孩子由于学习受挫、受外界负面评价过多等原因，总觉得自己不如别人，不是学习的料，本来能学好的功课也学不好，越学不好信心越不足，而信心越不足成绩也跟着越差，这就陷入了一个恶性循环。父母无法在学校里帮助孩子，而课堂上老师也无法照顾到每一个学生。因此，学校生活的真实情况是，成绩不突出的孩子不容易受到老师的“关照”和认可，他们更容易失去信心以及对学习的热情。

铛铛上幼儿园的时候是一个活泼开朗的小朋友，虽然

偶尔会调皮给老师添麻烦，但铛铛在小朋友的眼中是非常受欢迎的。他经常带着小朋友们玩各种奇奇怪怪的游戏，把小朋友逗得哈哈大笑。那时候的铛铛是一个名副其实的孩子王，每天能量满满。

可是上了小学之后，铛铛越来越不爱说笑了。现在别说让他带着同学玩，即使是同学邀请他，他也不大参与。妈妈跟老师沟通后了解到：铛铛的学习基础不太好，拼音听写课，要么一个也写不出来，要么写的没一个对的，数学课堂上也总是回答错问题。每当这个时候，小朋友就会笑铛铛。时间久了，铛铛就不爱和同学玩了。

总的来说，学习成绩和自信心之间的关系相辅相成。学习好的孩子，自信心更强。拥有自信的孩子，成绩一般不会太差。所以，培养孩子的自信心不要忘了先帮他搞定学习。当孩子的成绩提上去了，周围人对他的评价和肯定会越来越多，这些鼓励激励着他更加努力学习，与此同时，孩子也将收获更多自信。

2. 要不要辅导孩子写作业？该怎么辅导？

辅导作业大概是父母在孩子学业上参与最多的部分，但我们在网上也时不时地就会看到一些家长因辅导孩子写作业而把自己搞崩溃的案例。因此常有家长问，既然辅导孩子这么崩溃，效果也不好，还在某种程度上损害了亲子关系，父母还要不要辅导孩子作业呢？

答案是：要，而且孩子越是年龄小，越有辅导孩子写作业的必要，尤其是刚刚升入小学一年级的孩子。首先，孩子还没适应学生生活，也容易忘事，有时候都记不住作业要做什么；其次，刚上小学的孩子识字量不多，看不懂题目或者不理解题目要做什么；最后，一年级孩子刚开始有家庭作业，一开始就让他自己完成不太可能。

尽管辅导作业是必要的，但还会有家长对辅导孩子写作业有顾虑。其中最大的顾虑在于担心孩子养成依赖的习惯，以后没办法独立为自己的作业负责。毕竟学习是一件长久的事情，如果一直需要家长陪，确实会把父母搞崩溃。但如果我们搞清楚了父母辅导孩子写作业的目的是什么，那么要不要辅导、怎么辅导这两个问题就迎刃而解了。

简单来说，家长辅导孩子写作业的长远目标应放在辅导是为了不辅导上。在辅导过程中，将重点放在帮助孩子建立良好的书写习惯和姿势、建立科学的时间管理能力和良好的任务执行能力等方面，并在陪伴的过程中，用爱和鼓励表达对孩子的信任和认可，增强他的学业自信心，让孩子相信自己拥有独立完成作业的能力。当孩子以上的这些能力、习惯以及内在评价体系都建立之后，父母就可以退出辅导作业的现场，将信任和学习的自主权留给孩子。

至于如何在辅导的过程中，帮助孩子建构这些能力，养成这些习惯，增强孩子的自信心，我们只需要把握核心原则即可：辅导孩子作业时，父母的作用是给孩子提供支持和鼓励而不是否定和打击。因为每个孩子有每个孩子的特点，每一家有每一家的方法。仔细看网上那些辅导作业的“鸡飞狗跳”，会发现他们大都源自“这题多简单啊，你怎么就是不会？”“你怕是猪脑子吧？我怎么生了一个你？”

辅导作业时，家长首先要具有同理心。如果父母真的拥有同理孩子的能力，他一定不会认为“这题多简单啊！”。在心理学上有一个词叫“知识的诅咒”，它是一种认知偏差，是指人在与他人交流时，会下意识地假设对方拥有理解该事件的所有背景知识。在辅导孩子写作业时，父母就经常陷入这样的“诅咒”中，父母总认为自己已经讲得这么清楚直白了，孩子怎么可能还不明白。事实上，当一个人学会某件事情以后，他很难回到“不会”的状态，也会忘记自己当时不会的情景。无论多简单，这道题也是对父母而言，但作业是孩子的，他怎么看待这道题的难度才是关键；真的拥有同理心，父母就不会将孩子的不会归因于太笨，他们会反思自己的讲解方式是不是不够具体、直观，会观察孩子究竟是哪里不理解，会愿意倾听孩子，也会在倾听中帮孩子捋出问题，再帮助孩子解决问题。

3. 对症下药：是学习态度有问题还是学习方法不对？

孩子成绩不好，有些源自孩子的学习态度和习惯问题，有些则源自没有掌握高效的学习方法。父母在帮助孩子提高学业成绩时，一定要多观察，找到问题的根源。

如果孩子学习态度有问题，不愿意学，父母要着力帮助孩子找到学习的动机，让他们感受学习的乐趣。学习动机对学生的发展至关重要，学习动机较强的学生会有非常强的自觉性，并能够对学习产生浓厚的兴趣，这个兴趣可以是某个学科，或者是某个学科的某一块内容。他们在学习过程中富有热情，在应对和处理困难时态度也非常端正。相反，学习动机较弱的学生，在学习上往往会表现出比较厌学和被动的情绪，不愿主动与同学和老师交流问题，在平时上课的时候也容易发呆走神，遇到问题或是挫折，就容易产生消极的情绪和放弃的想法。

低段小学生刚开始接触学习，难免会存在学习内容与自身需求、爱好不对应，学习困难等问题。这会对孩子的学习兴趣产生不良影响，降低其学习的主动性。针对这种情况，父母可以帮助孩子树立恰当的学习目标，引导孩子学会分解目标。试想一下，原本孩子的学习成绩就不好，如果父母总拿最高目标要求孩子，孩子难免会有畏难情绪。因此父母需要根据孩子当前的能力制定适合孩子个人突破的目标，此外，还要学会将目标拆解，让孩子在学习的过程中不断地体验成功的快乐，增强胜任感。

例如，孩子的总目标是全篇背诵课文，那么父母可以引导孩子将目标拆解：第一步，熟练朗读；第二步，理解文章大意，并能复述；第三步，分段背诵；第四步，全篇背诵。经过这样的分解，孩子能在学习的过程中不断肯定自己，找到学习的乐趣，也就慢慢有了学习动机。

还有一类孩子，学习态度很认真，可就是学习效果不好，根本原因是孩子没有掌握正确的学习方法。孩子在学习上经常会遇到的困境有：学了记不住、上课易走神、跟不上老师的节奏等，其实，只要掌握方法，父母都可以在这些学习问题上帮到孩子。

学了记不住

从进入小学开始，孩子们开始有大量的知识需要记忆，例如唐诗宋词、数学公式、科学道理，等等，不难发现，记忆在学习中起到重要的作用。可有些孩子似乎就是记不住，或者说，前面记后面忘。

在帮助孩子提高记忆力时，父母首先需要根据孩子的实际情况制定合理的难度和合适的时间。如果一上来就让孩子记特别难的内容，或者一下子安排很长的时间来记一些东西，这些方法都会让孩子更加厌恶记忆。除此之外，调用孩子的多感官，使用联想、动作、情景模拟、故事等方式帮助孩子理解记忆内容也是提高记忆力的关键。死记硬背不仅记忆难度更大，而且学习内容也不会迁移，实则是一种无效的学习。最后，父母还可以多和孩子聊天，引导他们“回忆”，重视在日常生活中锻炼孩子的记忆力。记忆是“记”和“忆”两个过程，包括信息的加工储存，以及信息的提取输出。回忆是把某件事尽可能完整地复述出来，既考查了信息的储存，又练习了信息的提取，是一个非常好的用来增强孩子记忆力的学习策略。这里也给父母提供一些能够就地取材的小方法：

记电话号码或车牌号；
记公交路线图并将其画下来；
回忆昨天甚至几天前发生的事情；
给记忆材料编好听的儿歌或者顺口溜；
回忆回家路上的人和事，他们的穿着，他们在做什么。

上课易走神

很多时候，孩子学习效果差的根源就是专注力差。对于孩子来说，培养专注力非常重要。如果孩子专注力不好，那么他可能多动、上课注意力不集中、容易走神，等等，这些都能直接影响孩子的学习效果。针对孩子专注力的培养，父母可以从下面几个方向着手：

首先，父母要激发孩子对学习内容的兴趣。兴趣是让小学生在学习时持续保持注意力的关键因素，孩子只有自己对学科知识产生了浓厚的兴趣和求知欲，才会积极主动地调用自己的注意力，将其集中在老师所讲的内容上来主动学习。其次，父母要排除干扰孩子学习的外在因素，比如不给孩子买新奇艳丽的文具，孩子学习期间保持室内环境安静等。最后，帮助孩子明确学习目标，唤醒孩子的有意注意力。当孩子明确了当下的学习目标、主要学习任务和重点、难点时，在一定程度上能有效地唤醒其有意注意力，从而他们可以有意识地根据学习任务目标有目的有计划地学习，避免漫无目的地学习。

跟不上老师的节奏

小学阶段的知识简单，但是对于没接触过的孩子来说，还是有些难度的。有些孩子接受新知识的速度比较慢，遗忘的速度却又很快，因此很多孩子就出现了跟不上学校教学进度的情况，为此，父母需引导他们掌握正确的预习和复习方法。

预习是在老师上课之前，对所要学习的内容提前进行学习和理解的过程。预习既是有效的学习方法，也是良好的学习习惯。预习的方法是对第二天要讲授的内容认真阅读，仔细思考，把新的知识和以往学过的知识联系起来，看看哪些懂了会了，哪些不懂不会，从而明确听课的重点、难点，克服课堂学习过程中的被动性和盲目性，提高主动性和自觉性。

复习是指对学过的知识重新学习的过程。回顾老师课堂讲授的内容及其过程，目的在于弄清哪些完全理解了，哪些没有理解，使进一步的复习具有鲜明的针对性和目的性。首先，复习课本，目的在于深化。其次，整理笔记，对课堂记得不完整或不准确的地方加以补充和修正，使之更加系统、完整，便于复习。最后，对课本中不懂、不会的难点问题，查阅工具书或参考书，力求弄懂弄通，实在弄不明白的，请教老师或与同学研究解决。

4．写作业慢、反复确认、不敢下笔，孩子在呼唤你的帮助

写作业是经过独立思考，自觉、有目的地分析问题和解决问题，将学到的知识运用于实际的智力活动过程。通过写作业可以检查学习结果，加深对知识的理解和记忆，同时也有助于培养自己的思维能力，养成良好的学习态度和学习习惯。但不少家长发现孩子写作业时速度出奇的慢，这又是哪里出了问题呢?

很多父母容易将孩子写作业慢归因为态度。事实上，除非亲子关系不和谐，孩子故意对抗父母，否则写作业慢背后更大的可能性是孩子能力的缺失：他不是不想快，而是因为不会。如果孩子是因为自尊心较强，不想被别人看出自己的窘境才不寻求帮助，父母在提供帮助的时候要淡化自己的作用，让帮助的过程尽可能自然而然；如果孩子是担心被人评价为笨孩子，或者担心父母指责而不敢求助，父母需要努力将家庭氛围营造得更加开放和包容，让孩子敢于表达、敢于犯错。此外，写作业本身也是一门需要学习的功课，如果孩子掌握了写作业的正确步骤，也会很大程度上改善他的“慢”和“不敢”。

首先，写作业前先复习。放学回家，先不急于写作业，而是将今天所学内容认真复习、充分理解，在这个基础上再完成作业。其次，仔细审题，了解题意，明确习题的目的要求，弄清已知条件和未知条件及解决问题的关键所在，做到心中有数。然后思路

清晰、表述确切、书写规范、答案准确、干净利落。最后，细心检查。根据题目的目的要求，逐字逐句地检查、验证，发现错误及时纠正。孩子写作业时，如果每次都能认真完成上述四个步骤，他一定能写得越来越快、越来越好。

5．考试没考好，怎么帮助孩子重整旗鼓?

考试是所有孩子和家长都绕不开的一个话题。当孩子考试成绩不理想时，父母可以怎么帮助孩子重整旗鼓呢?

首先，接纳孩子的情绪。考试没考好的孩子心里往往会产生一种深深的内疚感，这种内疚感折磨着他们还未成熟的心智。孩子本身已经非常难过了，若在这种时候父母再进行体罚或者言语打击，很容易让孩子的心态崩溃。这时我们需要给孩子更多的温柔和耐心，可以跟孩子说："你现在的心情是不是很糟糕？你很难过，或者你现在有点灰心？"这样的话，会让孩子感受到你的理解，此时孩子的心情就会先平复下来，然后我们再跟孩子谈。

其次，同理孩子的遭遇。接纳孩子的情绪之后，可以试着和孩子分享自己的经历，在平等的位置上进行交流，理解孩子的不开心。你可以举身边真实发生的事例："隔壁家的大哥哥还是学霸呢，上次他也没考好呀！"也可以说自己小时候和孩子发生了一样的事情："当年我升入初中的时候，第一次考试考得不太好，当时心情很不好，我既灰心，也埋怨自己。"当让孩子知道别人也会遇到困难时，他就不会觉得"只有我不行，只有我笨"了。

最后，引导孩子正确归因，培养成长型思维，重拾信心。面对考试成绩不理想这样的事实，父母应该引导孩子将失败归因为努力不够、粗心马虎以及准备不充分等这些可以控制的因素；引导孩子反思过程，鼓励孩子从错误中获取经验，查漏补缺。这样的思维方式能让孩子尽快走出失败的阴影，以更加积极的态度和全面的准备，勇敢地面对下一次挑战。

回顾本节

1. 在学校里，但凡学习成绩优异的孩子自信心都特别强，而反观那些学习成绩一般或成绩较差的孩子，他们的自信心大多不是很强。因此，培养孩子的自信心不要忘了先帮他搞定学习。

2. 父母要不要陪孩子写作业？孩子越是年龄小，越有辅导孩子写作业的必要，尤其是刚刚升入小学一年级的孩子。辅导目标是为了不辅导，且辅导作业时，父母一定要有同理心，不要讽刺挖苦孩子。

3. 孩子成绩不好，有些源自孩子的学习态度和习惯问题，有些则源自没有掌握高效的学习方法。父母在帮助孩子提高学业成绩时，一定要多观察，找到问题的根源。

4. 孩子写作业慢背后更大的可能性是孩子能力的缺失，写作业也有方法，父母要帮助孩子学会写作业。

5. 面对考试失利，父母需要引导孩子从失败中吸取经验，引导孩子正确归因，重整旗鼓，重拾自信。

5.3　不会表达怎么找自信？公共演说能力培养起来

表达能力是指一个人善于把自己的思想、情感、想法和意图等，用语言、文字、图形、表情和动作等清晰明确地表达出来，让他人能够清楚地了解自己的想法，同时能够理解他人的表达的能力。

表达贯穿人的一生，表达能力是很重要的能力。如果孩子表达能力不好，他可能在幼儿园（学校）里想上厕所也不敢开口说，只能默默忍受；家长想了解孩子在园的一天，表达能力不好的孩子也不能完整连贯地描述在园生活；遇见新的小伙伴，表达能力不好的孩子有想交朋友的欲望却不知道如何交流。表达能力不好的孩子，仿佛社交场所的“小透明”般毫无存在感，一个不被注意到的孩子自然得不到外界肯定的声音，也就很难成为一个自信的孩子。因此，帮助孩子拥有良好的表达能力是提高孩子自信心的重要环节。

表达能力看似是一种对外输出信息的能力，但好的表达能力更离不开输入。一个孩子如果头脑中没有自己的想法、思想和意图，空掌握一些表达的技巧也是无用的。因此，父母在培养孩子表达能力时，要注意双管齐下，既要重视信息的输入，也要重视信息的输出。

1. 在家学表达：阅读是提高表达能力的捷径

表达能力对于孩子十分重要，儿童的思维发展与概念形成在很大程度上取决于语言表达能力；而要提升表达能力，阅读是很重要的方法。我们常说阅读与表达是输入与输出的关系，因此孩子拥有良好表达能力的前提是大量的阅读。父母需要重视家庭阅读氛围的营造，鼓励孩子多读书，读好书。

事实上，全民阅读基本上已经成为新一代孩子的生活方式，如今每个家庭都很重视培养孩子的阅读习惯，但爸爸妈妈常常会疑惑：孩子明明看了很多书，但为什么一表达还是支支吾吾，说不清楚，是不是阅读量还不够大？

实际上，并不是阅读量越大表达能力就一定会越强。很多父母在读书时只追求数量而忽视阅读的质量，这样不加思索的粗犷阅读方式，孩子前面读后面忘，实则对表达能力的提升并没有帮助。因此，只有掌握正确的阅读方法，才能帮助孩子真正提升表达能力。父母可以带孩子尝试通过以下三种阅读方法来更高效地提升表达能力。

首先，有条理地阅读。阅读时要厘清故事的发展顺序，能够对故事主线、角色特点进行总结归纳。例如在读到故事《丑小鸭》时，爸爸妈妈可以引导孩子，边读边画出故事发生的重要节点，厘清发展顺序，让孩子能够在看完书后，完整而有逻辑地复述出整个故事。同时，启发孩子关注细节，例如作者是如何用语言描写表现出不同动物对丑小鸭的态度；丑小鸭的心理状态经过了哪些变化……引导孩子带着问题阅读，边阅读边理解，更能加深印象。

其次，引导孩子多角度思考。当孩子厘清了故事脉络后，可以引导孩子加入自己的思考，可以层层递进，也可以是多维度的。例如，如果你是这只丑小鸭，面对其他动物的欺负，你会作何反应？如果这只丑小鸭并不是一只小天鹅，那它的命运会怎样？如果你遇到了这只丑小鸭，你会对它说什么？……启发孩子打开思维界限，勇敢表达自己的观点。在这种思考练习中，爸爸妈妈不要追求孩子观点是否完美，而要多鼓励，有意识地训练孩子提出自己的独特见解，因为独立的观点才是表达能力背后的有力支撑。

最后，进行输出和表达。当孩子阅读后，可以引导他进行自己的输出和表达。例如写一篇读后感，或者是进行一次主题演讲，可分为三个步骤：概括故事内容；讲述故事中让自己印象最深刻的地方；结合经验说说感悟与收获，将自己的观点输出为有一定体系的成果，而不只是日常生活中与爸爸妈妈之间的随便交流。总结是一个很好的记录方式。有些故事过了几年后再阅读，可能会产生不一样的思考，这时就可以拿出之前写的读后感进行对比，能更直观地看到自己思考与表达的广度和深度不断提高的过程。

2．在家练演说：家庭辩论会开起来

我们知道，犹太民族的家庭教育在世界范围内都是非常成功的，其中很值得学习的秘诀是一种叫“海沃塔”的教育方式。这是一种类似于辩论的教育方法。犹太家庭非常重视培养孩子的独立思考能力及表达能力，因此他们在教育子女时很看重这种辩论的方法，鼓励双方不同观点的碰撞，支持孩子表达自己的想法，并通过逻辑严密的语言将自己的观点表达出来。

辩论是一种很好的练习表达能力的方法。尤其是对思维发育中的儿童而言。

首先，辩论可以提升语言表达能力。从最基础的形式层面来讲，辩论就是语言的交锋，因此辩论可以提升孩子的语言表达能力是毫无疑问的。其次，辩论可以提升孩子的逻辑思维能力。辩论的关键在于“说”，而说的关键则在于“想”。只有想明白要说什么，为什么这么说，不同意对方什么，才能最终“说”好一场辩论。因此，一场辩论，将使孩子的思维得到极大的锻炼。

需要注意的是，和孩子辩论，辩论的话题一定要在孩子可以理解的范围内。对于学龄前的孩子，父母可以和他们辩论日常生活习惯的养成、百科小知识，比如，“恐龙能不能战胜大象”“晚饭吃不吃麦当劳”等；对于小学低年龄段的孩子，辩论的话题可以是“小孩要不要参与义务劳动”“要不要每天背英语单词”；对于再大一点的孩子，辩论的话题可以结合当下的社会热点或孩子学习生活中的困惑。

如果一个家庭坚持将开展辩论会作为一项家庭惯例，孩子的语言表达能力、逻辑思维能力及独立思考能力一定能得到极大的提升。事实上，拥有这三项能力的孩子，往往也会是人群中那个自带光芒的孩子，他们不但能说会道，而且言之有物、想法多、视野开阔，所有的这些都能帮助孩子拥有好的人际关系，在社交中收获自信。

3. 一见熟人就紧张，孩子越来越害怕出门了

生活中有一类孩子，他们跟陌生人相处还算融洽，可是一见熟人就紧张，吓得不敢走出房门，还会因为担心在路上遇到熟人而选择绕路回家。这又是怎么了？为什么孩子会更害怕熟人而不是陌生人呢？

其实这跟孩子的自我概念有关。在陌生人面前，孩子觉得自己是全新的，因为互相不认识，孩子可以想怎么说就怎么说，想怎么做就怎么做，没有那么多顾虑，表现就非常自然；但是在熟人面前，孩子感觉对方很了解他，反而让他变得局促不安。这种来自熟人的焦虑本质上是对亲密关系的恐惧。害怕被人了解，担心对方了解了他的弱点或者不完美之处会对他失望。这类孩子的心里往往是很自卑的，至少是不接纳自己的，所以他们外在表现非常开朗，但其实根本无法正常地放开自我。

柠柠上六年级了。在别人看来，她是一个很优秀的孩子。在学校里，她能歌善舞，活泼热心，跟同学老师都相处得很好，在家里和父母的关系也不错。

但柠柠有一个行为让妈妈很头疼，那就是柠柠非常排斥见家庭成员之外的其他成人，比如，父母的朋友、全家的亲戚、小区的叔叔阿姨等。这些成人让柠柠感觉很有压力，柠柠每次都躲着他们，上下学也找熟人少的路线，出门前先从窗户看看楼下有没有熟人在。

在柠柠开朗的外表下，隐藏着的是一颗敏感自卑的心。她非常努力地在自己生活的环境里创设了一个“好孩子”的人设，维持这份人设已经耗光了孩子所有的精力，她实在没有力气再去迎合更多人的期待，做一个让所有人都满意的孩子。面对陌生人她可以一笑而过，不在乎别人的看法，但是身边其他和她有可能变得亲密的人，成了她最大的压力源，她干脆选择了躲着不见，不给彼此更加亲密的机会。

柠柠为什么会这么在乎别人的看法呢？这和我们之前提到的不稳定的自尊有很大关系，她对自己的看法很容易随着周围人的评价而变化。这种不稳定的原因往往来自父母有条件的爱：当孩子表现好的时候，得到了很多肯定和赞美，自我价值感就强；当孩子有哪些地方做不好时，父母的失望和责骂降低了孩子的自我价值。时常游离在这两种状态下的孩子，自我概念不是很清晰，感受不到自己真实的能力边界，有时候觉得自己还不错，有时候又认为自己很差劲。于是，就出现了这种看似开朗活泼而内在自卑敏感的孩子。因此，当父母察觉到孩子开始有熟人焦虑症的表现时，不妨反思一下是不是给孩子的爱都是有附加条件的。

4. 老师一提问，孩子就低下头——帮助孩子参与课堂讨论

多项调查研究发现，孩子参与课堂的程度越高，他的学业表现、同伴关系和师生关系也会越好。但有的孩子就是课堂上的“小透明”，上课时最担心被老师注意到，最害怕被叫起来回答问题，这类孩子往往也是对自己没什么信心的孩子。

为什么不敢回答老师的提问呢？是孩子不知道问题的答案吗？多数情况下不是。当孩子处在一个较为放松的环境时，他可以回答出正确答案。更多的原因是孩子不敢，他们缺乏勇气。那么父母如何帮助孩子更好地参与课堂讨论和提问呢？

首先，消除心理障碍，让孩子明白错了也没关系。很多孩子，包括一些学习成绩还可以的孩子都会害怕上课回答问题，究其原因主要是因为害怕承担回答错误之后带来的后果，如同学的嘲笑和老师的失望等。如果孩子有这方面的顾虑，父母可以参考下面

这对母女之间的对话：

孩子：妈妈，我特别害怕上课举手回答问题。

妈妈：我觉得你的理解能力还挺不错的，课堂上老师教的那些，你应该都能理解吧？为什么会害怕回答问题？是不会，还是什么？

孩子：我害怕同学们的嘲笑。

妈妈：同学们之前嘲笑过你吗？或者嘲笑过其他回答错误的同学吗？

孩子摇了摇头说好像没有。

妈妈：既然什么都没有发生过，那我们就不要猜测可能出现的情况。试想一下，即使这件事真的发生了，最坏的结果是什么？

孩子：担心老师对我失望。

妈妈：那么这样的结果，你能接受不？

孩子：应该也不是很难接受。

妈妈：既然不是很难接受，我们可以想象一下，就算答错了，这件事会不会带来什么正面影响？

孩子想了想：我下次肯定会记住这道题目，肯定不会再错了。

其次，教孩子一些参与课堂问题的具体策略。给孩子的心理解压之后，让他突破了“不敢”这个问题，更重要的还是教给他一些通用的技巧，就像我们一直在说的不仅要感觉好，更要做得好。

孩子成功参与老师课堂提问是需要前提的，第一个前提就是“会回答”，没有孩子可以答出自己不会的问题。因此，帮助孩子提前在家做好预习、复习、背诵等相关知识准备，让他更容易理解老师所讲述的知识，更快跟上老师的思路。孩子如果很确定自己会回答，他主动参与课堂提问的机会自然会更多。

孩子参与课堂提问的第二个前提是思维严谨，表达清楚，条理清晰。上课回答问题，需要孩子将自己的思考整理成语言，然后有条理地表达出来。如果孩子表达能力不好，很长时间说不上来，会浪费课堂时间；因此，学会语言表达也是一个关键因素（关于如何提高表达能力，上节已有详细论述）。

最后，和老师及时进行沟通，把是否参与课堂提问的选择权、决定权交给孩子。父母可以告诉孩子：在课堂上，如果你知道答案，很想回答问题，就把手举得高一些；如果你不知道答案，或者不想回答问题，就不举手。总之，这件事的决定权在孩子手里。家长这样做，会让孩子觉得家长和他是站在一起的，这样他上课就不再有压力，不再因为害怕回答问题而坐立不安，更不用担心回答问题时因结结巴巴而感到害羞。同时，还可以和老师沟通孩子的性格特点，当孩子有一点点进步时，给予孩子肯定。一般来说，只要父母真诚地和老师沟通，都会得到老师的支持，因为让每一个孩子成长为更好的自己是所有人共同的希望。

回顾本节

表达能力不好的孩子，仿佛社交场所的“小透明”般毫无存在感，一个不被注意的孩子自然得不到外界肯定的声音，也就很难成为一个自信的孩子。因此，帮助孩子拥有良好的表达能力是提高孩子自信心的重要环节。

---

1. 家庭辩论会是一种很好的练习孩子表达能力的方法。

---

2. 孩子一见熟人就焦虑，本质上是对亲密关系的恐惧。针对孩子的这种情况，父母需要反思一下生活中是不是给予了孩子有条件的爱。

---

3. 孩子参与课堂的程度越高，他的学业表现、同伴关系和师生关系也会越好。父母需要帮助孩子更好地参与课堂讨论和提问。

---

4. 在适当的场合，每个人应该努力去表现自己，使自己获得他人的认同，从而体现自己的价值。鼓励孩子登台展示自己。

5.4 “小跟班”怎么找自信？领导能力也可以学习

明明今年 5 岁了。在班级里无论什么活动他都不爱出头，玩玩具也是别人给什么玩什么，从来不会自己争取，也不会负责发玩具。玩警察游戏他只想做队员，不想做队长。班级里表演话剧，老师让孩子们自己选角色，明明选择了做虎王的“小跟班”，主要负责给虎王捶腿。妈妈问他为啥不当虎王，明明说不想当。这可把明明的父母急坏了。

如果我们的孩子也存在类似情况，该怎么办呢？

1．“小跟班”有错吗？什么样的“小跟班”不能当

很多父母看到孩子在社交场合总是跟在别的孩子身后“听从指令”，就会觉得自己孩子被吆来喝去，跑前跑后，内心很不是滋味，恨不得马上给孩子带回家不受这份气，但问题是：孩子做个“小跟班”，他的内心一定很委屈吗？答案是不一定。如果孩子在游戏的过程中表现出的是享受和开心，此时，他们的内心也一定是平和愉悦的，那些父母认为的不平等也只是父母个人的感受罢了。这样的“小跟班”角色应该得到父母的认可和支持，让他可以继续以自己舒适的方式参与人际互动。

事实上，在社交场合选择“小跟班”这种社交模式的孩子往往是一个智慧的孩子。对于年幼的孩子，他们的学习更多依靠模仿。孩子都喜欢跟在一个年龄大的孩子身后，或者喜欢跟在一个他认为优秀或者崇拜的人后面做“小跟班”，模仿他的行为和做法。这种模仿是一种很高效的学习，很快孩子就能习得他所模仿的对象身上的品质，慢慢地，将这些品质迁移到其他的社交场所中，孩子自然也变成了另一个社交场合中的领头羊了。

当然，还有一种情况，孩子成为“小跟班”不是为了学习和模仿他人，而是出于社交的压力。有的孩子性格敏感，很在意身边人的看法，很希望被群体接纳，因此他们就会不自觉地去适应依附一个群体里面的强者，主动跟随他，照顾他，按照他的要求去做，希望获得认可。还有的孩子身体比较弱小或者性格比较软弱，他们容易被忽视和被欺负，为了人际适应的需要，他们会寻找一个强者或者一个小团体，用委屈自己的方式做一个“小跟班”，得到“靠山”，让自己得到接纳和保护。如果孩子是这种类型的“小跟班”，父母就需要警惕了。

因此，要不要继续当“小跟班”，其实是孩子说了算。对于第一类“小跟班”来说，孩子的内心状态是很积极的，他们享受与人交往学习的过程，因此父母应该允许他们继续选择做这样的社交定位。相反，如果父母将自己的感受强加在孩子身上，认为孩子窝囊、没出息、被人指挥，等等，从而限制孩子的社交，这样一来会让孩子感觉自我概念模糊且不被父母接纳。对于第二类孩子而言，成为“小跟班”并非他们的主动选择，而是因为内心力量的不足或者能力的缺失，是一种不得已的结果，这样的“小跟班”让孩子觉得失落和自卑。对于这类孩子，父母需要帮助他们获得一些能力，收获一些力量，勇敢大方地与人相处，甩掉“小跟班”的标签。

2.“孩子王”身上有哪些好的特质？

经常有父母会说：“唉，我们家这个就是个‘跟班’，以后当不了领导。”父母话语间传递的都是失望和恨铁不成钢。毫无疑问，在群体里做一名领导者要比成为追随者更引人关注，但更加毋庸置疑的是：不可能每个人都是领导者。

从孩子三四岁开始进入幼儿园以后，几乎每个班级、每个小群体，都会出现几个“人气王”，后面跟着一帮小朋友。这样的群体分化，几乎是儿童社交当中不可避免的发展阶段。有些孩子，似乎天生就有这种人气。而且他们在社交中会处于强势的主导地位，大家都听他的。但有些孩子，好像就没那么有人气，也没那么强势了。人类只要有集体存在，就会自发地选出一些“领导”，把他们当成领袖。因此，我们培养孩子应该把握孩子发展金字塔的底端，帮他奠定稳固的基石，看到、弄清“孩子王”身上的优点，并引导孩子学习这些优点。

即使是在幼儿园，用心观察，你也能很快分清哪个是领导者，哪个是追随者。刚开始，孩子会本能地崇拜那些长得漂亮的、运动特别好的，或者在某一方面特别突出的，比如认字认得特别多的，又或者特别“富有”的；但随着认知的发展，一些长期的能成为团体里的领导者身上会有一些相同的地方。

美国的儿童社交专家迈克尔·汤普森博士说，真正影响领导力的有三个重要的因素。

第一个因素叫“双赢思维”。

他举了两个例子：

有两个小男孩在一起玩，一个叫乔，一个叫比尔。

乔对比尔说：“你都玩这个卡车好长时间了，该轮到我了。”

比尔没有用“谁让你运气不好”这样的话来回应，而是说：

“你说得对，真抱歉，但是能不能先让我完成这个大碰撞，然后你再接着玩？这样你就能一下子玩很长时间了。”

这样他就很好地解决了两个人的分歧，并且让两个人都觉得满意。

还有一个例子，是两个在一起玩的小姑娘。

一个小姑娘想玩捉迷藏，另一个小姑娘想玩娃娃过家家。这时，两个小姑娘没有气呼呼地不欢而散，其中一个小姑娘说：

“那我们来假装娃娃玩捉迷藏吧，每个人拿一个娃娃，然后带着它躲起来。”

上述两个孩子都是运用双赢的智慧来解决社交矛盾的，拥有双赢思维的孩子能妥善地处理分歧，兼顾自己和对方的需求，在矛盾中寻找平衡。

影响领导力的第二个因素是倾听。优秀的领导者也是优秀的倾听者，他们不一定是最聪明的，或者最优秀的，但他们很擅长倾听别人的想法，并且对听到的所有意见都给予反馈，让每个人都感到被尊重和有价值。

影响领导力的第三个因素是同理心。同理心是能够设身处地从别人的视角来看问题，对别人的痛苦感同身受，而不是只自私地关注自己的需求和欲望。

由此可见，那些隐藏在“孩子王”身上的品格有但不仅限于以下几方面。

领导别人而不是指挥别人。领导的内核是带领一群人完成相同的目标。一个好的领导不会依靠自己的地位或权力而居高临下地对待他人，他们是谦逊的、包容的、开放的。

他们更具有大局观。有时候，很多人认为领导就应该站在“C 位”，占有能出风头的位置；但真正有领导力的人是有大格局的，他们的关注目标从不在于“谁”做了这件事，而是“这件事”本身。

适应性强，容易面对新环境、接受新挑战。一个好的领导者，做事情的出发点在于是否对团队的成长有益，他们既有接受新挑战新任务的勇气，又有很强的适应性和解决问题的能力，他们擅长随机应变。

他们更有想法，点子更多。好的领导除了具有领导力，本身的业务能力也要过硬，如体育委员的运动能力往往很好，学习委员的学习成绩也不会差。正是在日常生活中积累了很多知识储备和能力，才能让他们带领同学，在困难面前想出更好的点子，带领队员或追随者摆脱困境。

3．提升孩子领导力的四个策略

有些家长的想法是只有当领导的人才需要领导力，自己的孩子只要平平安安，当个普通人就好，所以并不需要这种能力。然而通过分析“孩子王”身上的特质，我们发现领导力不是指一种权力，而是影响别人的力量。这种能力在孩子日常生活的方方面面都有体现，并且会影响孩子的一生。如果孩子缺少领导力，可能会不懂表达、没有主见、没有信心、没有自知力和团队精神等。

因此，父母即便没有想让孩子成为领导的想法，也一定会希望孩子能够有较强的表达能力，有独立解决问题的能力，有自信地面对新事物的能力。正因如此，在家庭生活中把握一些教育的契机，有意地培养孩子的领导能力还是非常必要的。父母可参考以下四个养育策略，在家庭中提升孩子的领导力。

第一，少一些干涉和包办，放手让孩子独立。在孩子处理自己的事情时尽量不要去干扰他，久而久之孩子就会懂得自力更生；行为上独立的孩子，思想上才会更加独立，更愿意组织一群伙伴将自己的想法实践出来。

第二，教会孩子团队合作能力，拥有基础社交的能力。懂得竞争固然是好事，但如果只会一味争第一，孩子的领导力反而会褪去。因为当他眼中只有输赢和第一的时候，就会和自己的朋友成为一种敌对关系。教会孩子团队合作的能力则能够淡化这种“胜负欲”意识。

第三，在家庭中给孩子赋权，让他有机会领导别人。家庭当中一些大事小事，都让孩子参与其中并决策。一个领导力拥有者必然拥有判断力和决策力，他既有独立判断的能力，也有批判性的思维。但是孩子无论在幼儿园还是在小学阶段，一些决策性的东西可能都轮不到他们，所以我们可以将家庭作为孩子实践自己想法的实验场，让孩子参与到家庭事件的决策判断当中，比如，主持一次家庭聚会，召开一次家庭会议等。

第四，开阔孩子的眼界是重点。人群中，为什么有的孩子就是点子多、想法有趣，更容易引领别人呢？归根到底还是这些孩子的生活经验丰富。当他们的大脑里储存了大量不同场合的信息时，孩子就能在需要使用的时候随时从大脑中提取这些点子。开阔视野的方法不外乎读万卷书和行万里路，父母可以按照自己的家庭经济情况合理安排孩子的课余时间，带着孩子看历史、地理之类的书籍和纪录片，带着孩子看新闻。如果有条件就带孩子出去旅游，看看世界等。

回顾本节

❶ 要不要继续当“小跟班”，其实是孩子说了算。如果做一个“小跟班”，孩子的内心状态是很积极的，父母就无须干涉；如果成为“小跟班”并非孩子的主动选择，父母就需要帮助他们获得一些能力，甩掉“小跟班”的标签。

❷ 那些隐藏在“孩子王”身上的品格有但不仅限于：领导别人而不是指挥别人；他们更具有大局观；适应性强，容易面对新环境、接受新挑战；他们更有想法，点子更多。

❸ 领导力对孩子的发展和内在很重要，它不是指一种权力，而是影响别人的力量。因此无论孩子将来当不当领导，领导能力都需要学习。

5.5　有“拖延症”的孩子怎么找自信？自我管理能力学起来

说起孩子拖延的事儿，丁丁的妈妈有说不完的例子。

早上起床，妈妈喊了无数次，丁丁还躺在床上；妈妈让他起床穿衣服，十分钟过去了，他连一只袖子还没穿上；早饭做好了，妈妈喊他吃饭，他老半天不行动；做作业就更不用说了，说十分钟后再写，十分钟后再写……结果无数个十分钟过去了，他却没有半点要写作业的意思……

还有些孩子在学习上，明知自己有一堆学习任务需要完成，心里却没个大概的思路，不清楚应该先完成哪些，后完成哪些，以至于拖到最后攒了一堆，更是手忙脚乱，无从下手。家里有个爱拖延的孩子，不仅容易影响亲子关系，而且时间久了还会损害孩子的身心健康，让孩子变得自卑和焦虑。严重的拖延症会让孩子出现强烈的自责情绪和负罪感，不断地否定和贬低自己。那么，父母怎样做才能让孩子告别拖延和磨蹭呢？

1．感知时间，学会列计划，让日常事件有章可循

很多时候，孩子磨蹭的主要原因是缺乏时间观念。尤其对于年龄小的孩子来说，时间对他们是很抽象的东西，做一件事情容

易拖拉、磨蹭、放松自己，结果稍不留神，时间就溜走了。因此，让孩子告别拖拉和磨蹭的首要工作就是帮助孩子树立时间观念。

首先，父母要适当放手，给孩子自主的时间，让他们试着安排学习和休息时间。很多父母凡事都替孩子安排好，不用孩子自己操心计划，这样一来，孩子就会有“凡事靠父母”的错误思想，从而很难建立孩子的时间观念和责任感。时间的管理需要尝试，要在不断的调整中修正。孩子只有真正尝试了，真正从内心意识到时间的重要性，才能明确时间观念、树立时间意识。

其次，要学会使用时间工具。如利用闹钟、沙漏、计时器来督促孩子学习。定时器让难以估算的时间变得可控。家长可让孩子根据其作业量估算出大概需要的时间，并借助这些时间管理工具，帮孩子在完成作业的过程中有一份紧迫感。这样有利于快速有效地完成作业，孩子也能从中体验到成就感，学习会更加积极主动。

最后，如果孩子的时间管理没有做好，可以让他承担“自然后果”。孩子不管做什么，吃饭、玩耍、学习，父母都不要因为各种原因而打断孩子。如果觉得孩子不专心可以和孩子进行约定，而不是随时去提醒督促甚至是催促；然后严格执行，到点收餐食，到点停止学习。父母须有此决心，不能因孩子可能饿着或学习落下而打折，让孩子体验拖延的后果，从而帮孩子改掉拖延的习惯。

除了学习时间管理，一份完整且合适的计划也可以帮助孩子有效地利用时间克服拖延。列计划可能对成人来说轻而易举，但对孩子来讲却是一件细水长流的，需要不断学习、优化和调整的过程。因为列计划其实是一项很复杂的能力，一份好的计划需要孩子对自己有很清楚的认知，知道自己在每件事情上所需花费的时间；需要孩子对执行计划有信心；需要孩子在计划未能如期完成时做出反思和调整。那如何培养计划能力呢？

3 岁孩子通常在上幼儿园，这个阶段的孩子可以玩一些需要步骤的游戏，比如模拟做菜、模拟医生、搭积木等。孩子按照步骤完成游戏的过程，就会锻炼孩子的计划能力。在游戏过程中，成人可以多问问步骤、顺序等相关的问题，引发孩子的思考，这有利于培养孩子的计划能力。

孩子到小学阶段，大脑进一步发育，信息处理能力提高，计划能力也相应地有所提高。这个阶段，孩子的认知能力提高，评估多步骤任务的能力提高，我们要给孩子更多的机会使用和锻炼计划能力。在家长的监护下，放手让孩子自己做计划、做事情，在孩子需要的时候再提供帮助。孩子需要在实践的过程中总结经验，提高自己的能力。

家庭是孩子学习列计划最好的场所，父母应该多给孩子提供计划，让孩子习惯提前做策划、做准备。比如孩子的生日或者假期到了，遇上相关事情的时候，父母可以让孩子自己决定以什么方式度过、怎么度过，引导他把自己的想法有步骤地通过列计划的方式呈现出来。比如放暑假了，和孩子讨论有没有什么假期计划，想要怎么度过一个丰富而有意义的假期。父母可以鼓励孩子把自己想要完成的事情做一个计划，让他愿意为了目标而去统筹安排时间、资源和人力，等等。

2．练习果断的执行力，改掉拖拖拉拉的毛病

在孩子拖延的问题上，经常有一个误区：孩子能做好计划就一定能按照计划完成。事实上，从列在纸上的计划到完成计划是

一个缓慢而重要的过程。对孩子而言，依照计划完成对应的工作是一项更具挑战性的工作。完成计划需要孩子具备良好的执行力和注意力等，孩子可能在执行过程中被其他事情吸引注意力，忘掉当下自己所做的事情。因此，光有计划能力还不行，真正改掉孩子身上拖延的毛病，还需要培养孩子良好的执行能力。

“执行技能”是当前认知神经科学研究的前沿问题之一，它是个体对自己的思想和行动进行有意识控制的心理过程。打个比方，一个孩子在玩积木。他心里构思了一个城堡，他如何计划、摆搭，让积木的建造慢慢朝向预期发生，而且能够反过来评估建造出来的城堡与心目中的是不是一样，要不要修改。同时，在这个过程中现实与计划不断转换，孩子控制自己的冲动，一心朝向目标前进。这个过程，想起来很容易，但分析起来，就会发现是一连串复杂的行为，而这些能力总合起来，就被称作执行技能，可以被视为学习的基础。那么如何帮助孩子提升执行能力呢?

首先，我们可以通过改变外部因素或环境，提高孩子与任务之间的吻合度。调整环境就是让正确的行为更容易出现，错误更难以发生。例如，很多孩子做作业时容易分心，可能是因为受到噪声干扰；平时难以集中注意力做事，或许因为周围玩具和其他不相干的杂物太多。对此，我们可以尽量给孩子创造安静的学习环境、简洁的生活环境，从而提升其专注度。

其次，在孩子完成任务的过程中，我们还需要及时、简明地提醒。幼儿的前额叶发展还不到位，难以处理复杂的任务。这时，就需要家长暂时充当孩子大脑的一部分，引导他们开始任务的第一步。帮孩子分解复杂的任务，并且告知他们这样做的意义，这更有助于孩子主动发生改变。例如，对于整理房间有困难的孩子，我们可以告诉他从哪里开始："先把玩具按 ×× 分出来，然后装进旁边的整理箱，这样下次你要玩玩具的时候，也很容易找到想要的。"

最后，列清单是改善孩子执行能力的一个好策略。即使是成人，当面临一系列要完成的任务时，也难免会丢三落四或者感觉无从下手。对于孩子而言，当任务太多时，他们更是不知道先从哪个开始了。此时，父母可以引导他们学会使用"列清单"的策略。列清单和列计划很像，都需要孩子提前将要完成的事项逐一列举，不同的是计划上需要有时间的安排，而清单则不需要。当孩子列完清单以后，他们每完成一项任务，都可以以自己喜欢的方式在清单上做一个标记。不要小看这个做标记的过程，每一次做标记都是在给孩子的内心强化"我可以""我很自律"等积极的形象，来自内部的这种强化，更容易让孩子对自己产生信心，克服拖延。

3. 拥有决策能力，不再畏手畏脚，随波逐流

一个善于独立思考并有很多机会自己做选择的孩子，更能感受到自己对生活的掌控力，因此他们也会更加自信，并且更能够承担失败的后果。反之，一个在生活中缺乏决策机会的孩子则容易对自己的能力产生怀疑，对挑战和风险产生畏惧，缺乏尝试的勇气和创新的精神。

在我们的身边，你一定见过这样的孩子：当老师请大家自由画画时，他一定要依照某个样本才会画；当需要做某个决定时，他总是犹豫不决、优柔寡断，迟迟拿不定主意；他总是很在意别人的眼光，害怕自己跟别人不一样……你也一定见过这样的成年

人:“我妈/我爸说”是他的口头禅;遇事他总是唯唯诺诺,徘徊不定;他不愿意主动承担责任,永远跟风别人怎么做……

在这些孩子的身上,都存在着一个共同的问题:缺乏决策力。现实生活中,很多孩子遇事犹豫不决,无法定夺,表现出来就是孩子磨磨蹭蹭,喜欢拖延。从今晚吃什么,出门穿什么,先玩游戏还是先写作业,到要不要和小明做朋友,昨天和小明吵架了,今天要不要理他,等等。需要孩子做出“决策”的情况无处不在,父母可以通过以下方法帮助孩子做决策:

首先,给予孩子选择权。选择权怎么给孩子呢?最基本、最简单的训练决策力的方式就是提问。通过提问,在一定范围内,给孩子尽可能多的机会进行自主选择。和孩子一起讨论他的日程,而不是由你全权代理。比如询问孩子“今天想去水上乐园还是动物园?或者你有其他什么想法?”“去完水上乐园我们再去做什么呢?”“晚饭就在外面吃吧,你想吃什么?”。这一方式的关键在于把孩子当成自主的主体,有思维能力的人,放下“小孩子懂什么”的想法,让孩子主动参与到他自己的生活中。对于还不具备复杂思考能力的低龄幼儿,可以给出有限的选择,如二选一。

其次,父母要多追问“为什么”。引导思考是日常询问的延伸。当孩子有了更强的表达能力和思考能力之后,父母可以在提问之余引导孩子进一步思考问题。一个最简单的小延伸就是进一步询问“为什么”。了解自己的想法,为现象寻找解释是一种非常高级的认知能力。通过寻找解释,孩子初步了解了因果关系、事物之间的联系,同时也在理解简单的抽象概念,最终形成自己的思维模式。也许在你提出这个问题之前,孩子只是凭着简单的直觉做出了一个选择。而通过你的询问,孩子可以认真思考,为自己的选择找到解释。

最后，引导孩子对自己的决策过程进行反思，提高决策的效率。生活中，父母还可以引导孩子对做过的决策进行回忆和反思，让孩子主动将自己的选择和事情的发展联系起来，从而总结经验。让孩子必须慎重做决策，学会全面思考，尽可能多地去考虑不确定因素，并预计可能出现的困难或者问题。

父母可以和孩子讨论日常的学习。比如孩子最近完成了老师要求的一个报告，你可以和孩子就这项家庭作业进行讨论：

> 你是如何一步一步完成报告的？
>
> 其中的每一步（例如查找资料）都使用了哪些方法？
>
> 哪些方法很有效，哪些又让自己走了弯路？
>
> 有什么你想过但是没实施的方法？为什么没有选择用这个方法？
>
> 以后还有没有改进的空间？
>
> ……

这种反思可以延伸至生活的方方面面，如兴趣爱好、社交技巧，等等。其主旨是培养孩子思考的习惯，并且让孩子有意识地反思优点和不足，成为更加高效的思考者和决策者。

4. 搞定情绪，认清拖延行为背后的对抗情绪

孩子习惯拖延的原因，除了上述各项能力的缺失之外，不被控制的消极情绪也是很重要的一个原因。所谓拖延，也就是即便知道延迟完成会产生一些负面后果，但仍然选择对于眼前的任务

进行故意、自愿性的延迟。我们之所以拖延是因为有些任务会让我们陷入一种糟糕的情绪之中，我们希望先修复这种负面情绪来让自己对这一任务产生更好的感觉。

人们拖延或者是逃避那些令自己感到厌恶的任务，其实就是在以牺牲长期目标为代价来改善短期情绪。因此渥太华卡尔顿大学拖延症研究小组成员、心理学教授蒂姆·皮切尔博士才会说："拖延症是一个情绪调节问题，而不是时间管理问题。"

要想克服拖延这一行为现象，我们需要解决在面对某些任务时所产生的负面情绪和想法。当一个人处于抑郁或者是焦虑状态时，一些很简单的任务也会让他们感到有压力，从而出现抵触情绪。如果孩子一直拖延不去完成作业，这可能是因为他对作业的难度有预判，感觉自己在完成时会遇到困难，影响心情，因此他就通过调整自己的姿势、摆弄文具和桌椅等活动来延长开始任务的时间。

那么我们该如何引导孩子应对这些反抗情绪，摆脱拖延的习惯呢？

首先，给任务多一些积极的心理暗示。父母可以引导孩子赋予那些想要逃避的任务更多的意义和价值，并且尝试去刻意"贬低"那些能给自己带来及时满足的活动。假如一个运动能力不好的孩子需要每天练习 100 个跳绳，父母可以引导他看到运动背后的意义，比如可以收获健康、减肥以及更好的体育成绩等，并在这个过程中及时鼓励孩子。

其次，运动和睡眠是让自己放松下来，克服焦虑和拖延的直接方法。多项研究表明，当孩子身体状态好的时候，心情也会好，对自己完成任务也更加有信心。

最后，引导孩子自己先从心理上过一遍任务。让自己的情绪“浮出水面”，去了解自己的情绪。往往当孩子在内心将任务过一遍之后，就会发现，任务其实没有想象中那么困难。那些拖延的行为以及抵制和对抗的情绪就通过这样的“预演”被化解了。

回顾本节

家里有个爱拖延的孩子，不仅容易影响亲子关系，而且时间久了还会损害孩子的身心健康，让孩子变得自卑和焦虑。那么，父母怎样做，才能让孩子告别拖延和磨蹭呢?

❶ 改掉孩子拖拉和磨蹭的首要工作就是帮助孩子树立时间观念，其次是培养孩子做计划的能力。

❷ 光有计划能力还不行，要真正改掉孩子身上拖延的毛病，还需要培养孩子良好的执行能力。

❸ 很多孩子遇事犹豫不决、无法定夺，表现出来就是孩子磨磨蹭蹭，喜欢拖延。因此，还需要培养孩子的决策能力。

❹ 孩子习惯拖延的原因，除了上述各项能力的缺失之外，不被控制的消极情绪也是很重要的一个原因。

小tips

帮助孩子获得胜任感和自信心

1．让孩子确信自己可以掌握某一门技术、能够完成一项任务，不断地让他感受到“我能”“我可以”。

2．给孩子提供成功的经验。帮他把一个大的任务分解成小的任务，分步骤，然后逐渐增加任务的难度。

3．“我不能”这句话的真正意思是“我不知道如何去做”。教给孩子一些入手解决问题的办法，让他获得成功的机会。

4．只要有可能，尽量让孩子靠自己的能力做事，尽管这样做可能比成人去做或者比在成人的协助下去做要花费更多的时间。

5．允许孩子在做事的过程中犯错，并且对孩子强调，犯错是可以的。让他知道犯错误也是学习的一部分，并且所有的大人和孩子都会犯错。通过讨论下次如何进行新的调整，我们就能把错误转变为一个学习的机会。在某个时期尽力帮助孩子克服 1～2 个错误。

6．通过积极的反馈帮助孩子建立自信心，重点关注孩子的进步和贡献，通过沟通，充分信任他们的能力，相信孩子可以克服困难，达到预期的目标。设立一个短期的目标，避免让孩子过多地去考虑今后会遇到的困难。

7．给孩子提供新的挑战，赞赏他尝试的举动，让孩子回想过去的成功，可以帮助他提高对自己的信心。

8．让孩子以切实的方式认识到自己的成就，并且学会自我肯定，也就是说要自己认识到自己做得的确很好，这有助于防止孩子过分依赖同伴，或别人的赞成意见和肯定。

第6章

父母的人生态度里藏着育儿的秘密

“教养孩子一点都不难，它就只有一个原则，就是以身作则。”

——洪兰

6.1 镜像原则：父母不自信，孩子很难有信心

科学家发现：人脑中有一种叫作镜像神经元的细胞，它储存了一些特定行为模式的编码，让人类可以想都不用想就能执行基本的动作，同时也让人类在看到别人进行某种动作时，自身也做出相同的动作，这正是年幼的孩子尤其爱模仿身边人的原因。镜像神经元对人类的交流和学习特别重要，正是因为它的存在，人类才能学习新知、与人交往。

我们常说："父母就像孩子的一面镜子。"父母是孩子身边最重要的模仿对象，父母的生活方式和习惯也会不自觉地传递给孩子。因此作为父母，如果想要孩子阳光、开朗、自信，自己也要努力成为那样的人。

1. 父母重度"社恐"，孩子的社交也不会好

"社恐"如今已经成了当代年轻父母挂在嘴边的一个词语，似乎这个时代大多数人都有不同程度的社恐：《光明日报》"青年说"发起的网上调查中，参与投票的 2 532 名网友给出一个惊人的结果——仅 69 人认为自己没有社交问题，97% 的参与者存在回避甚至恐惧社交的现象。从数据上来看，既然社恐的人群占比这么大，那至少说明了社恐是这届父母普遍面临的一个难题。

那么，为什么人们会社恐呢？

首先，因为当前社会经济的快速发展导致人际交流渠道发生了根本性变化。回想一下，当人类还处于农耕时期或经济欠发达时期时，人和人之间需要互相鼓励、抱团取暖以保障获得基本的生存需要。那时候，大家结伴劳作，天天见面，很少有社恐的人。随着经济的发展，到了21世纪，智能手机兴起，人们的交流协作方式开始向移动端转移，所有的社交都可以被网络替代，能用微信绝不打电话，能用在线购物绝不跟店员直接接触……，而一旦熟悉了网络这种“非直接”的接触与交流，人就容易对当面交流产生不熟悉感甚至恐惧感。

其次，社恐的深层源头其实是我们对自我的否定和不自信。社恐的人总觉得自己无法自如地待人接物，也下意识地选择回避。遇事未决先怀疑、否认自己，就容易让自己陷入一个恶性循环的怪圈无法自拔，披上盔甲，不与他人交流。

一旦开始社恐，或多或少地，人们会有以下表现：

脸红恐惧：一旦意识到自己脸红就开始恐惧、浑身不自在。

相貌恐惧：自惭形秽，觉得自己长得难看，过度自卑，恐惧遭人讥笑。

视线恐惧：害怕与他人对视，害怕别人盯着自己看，以至于在公共场合或是公交车上不敢看人；无法当众讲话，总觉得别人在盯着自己看。

表情恐惧：过分在意自己的表情，尤其是笑的时候，以至于常陷入尴尬窘迫中。

手抖恐惧：当众或是在公共场合写字时手发抖而无法写字。

通话恐惧：在公共场合或是当着他人打电话时，总觉得别人在偷听，从而说话口吃、不流利。

聊天恐惧：深觉自己口才糟糕、表达不良，因害怕表述而恐惧说话。

此外，还有口吃恐惧、出汗恐惧、异性恐惧，等等。

虽说社恐不是什么“过错”，无须愧疚自责，但作为父母，作为孩子最重要的模仿对象，我们还是需要适当调整一下自己的生活方式，为孩子示范一种更加积极主动的生活态度。无论父母是不是社恐，以下这些事情他们都可以为孩子做。

首先，不做“宅家一族”，节假日多带孩子走出家门。父母带孩子出门不一定非要为了社交，只是让孩子有更多的机会感受外面的世界就很好了。只要走出去，孩子就有机会从周围的环境中观察、模仿、学习。带孩子外出，多去户外大自然是一个很不错的选择，不管多社恐的人，来到户外也不会感到拘束，而且大自然本身就蕴藏了丰富的教育资源，既可疗愈情绪，也能促进亲子联结。

其次，如果孩子有社交需求，父母可以帮孩子约玩伴。不少父母的童年都是在街坊邻里间走街串巷、和小伙伴们追逐打闹中度过的。但随着社会生活方式的变迁，现在孩子的基本活动都是以家庭为单位，关起家门自己过自己的，小区里没有什么孩子了。但孩子社交的需求没有改变，他们依然渴望社交。此时，就需要父母帮助他们和别的家长约定时间和地点，满足孩子的社交需求。先从亲朋好友开始，家长可邀请有孩子的亲朋好友家庭一起聚餐、出游，放松的家长传递给孩子的信号同样是轻松、安心的，在这样的环境中，孩子可以不紧张、不拘束地表达自己。

再次，主动了解孩子同伴的家庭情况，在社交上“轻推”孩子。孩子的社交虽说是孩子的，但如果父母也能和孩子同伴的父母有所交往，往往能帮助孩子收获更融洽和长期的同伴关系。很多社恐的父母都是在有了孩子之后，在孩子的带领下重新结交了朋友。父母间的彼此了解和认同，对于孩子的交友帮助很大。因此，父母也需要适当地迈出去，找到这些同频的家庭。

最后，引导孩子使用得体的社交礼仪，多鼓励、不批评、不强迫。父母在家里需要和孩子使用得体的沟通方式，让孩子的言谈举止符合社会礼仪要求。当孩子勇敢地迈出第一步，及时正面表扬；当孩子做得不够好，也不要批评指责，应对其中的闪光点加以鼓励和支持。

2．父母情绪波动大，孩子会变得唯唯诺诺

近段时间，有个视频在网上闹得沸沸扬扬。

公交车上，一位妈妈正掐着自己七八岁儿子的脸，导致口罩从男孩的耳朵上扯了下来。男孩刚戴好口罩，妈妈又打掉了男孩的帽子。这次，男孩不敢戴帽子了。

没一会，妈妈又从孩子手里夺过手机，命令孩子在地铁上当众下跪，男孩不敢反抗，真的跪了一站之久。路人看不下去，上前劝阻，被女子回怼：“我说我的孩子，我想让（他）干嘛就得干嘛。”

到站后，妈妈自顾自下车，小男孩怕被落下，连忙起身跟上。

再小的孩子也有自尊，让一个孩子当众下跪，这是多么恶劣

的惩罚。视频最后，孩子跌跌撞撞爬起来，去追丢下自己的妈妈，那般唯唯诺诺、小心谨慎的模样，很难想象孩子以后会长成阳光开朗的样子。

情绪不是洪水猛兽，但情绪化的父母会将孩子的人生推向深渊，情绪化的父母养大的孩子唯唯诺诺。我们在讲亲子依恋关系时，有讲到好的亲子关系是建立在稳定的照料基础上的。这里的稳定不仅仅是来自父母规律的喂养和满足生理需求，更重要的是当父母在做这些照料工作时，他们的情绪是平和稳定的。

没有父母不爱孩子，但依然有很多孩子的童年是缺爱的。父母们总想把最好的东西全部拿给孩子，但不稳定的情绪却让这样的初衷成为泡影。试想一下，一个被妈妈抱着的小婴儿正在哇哇大哭，此时的妈妈非常疲惫，她搞不懂为什么自己已经抱着孩子了，他还是要哭，这样的哭声惹怒了疲惫的妈妈，她气愤地将孩子放在床上，转身离开了。此时，独自躺在床上的小婴儿会如何反应呢？他一定是哭得更惨了。但按照依恋理论，孩子最终会放弃哭闹，出于生存的需要，孩子会选择压抑自己真实的情感，反过来讨好妈妈。

一个从小没有在妈妈那里得到足够关爱的孩子，自然不会认为自己值得被爱；一个认为自己不值得被爱的孩子，又何来的自信心？因此，父母稳定积极的情绪是孩子受益终身的礼物。当然，孩子在成长的过程中，犯错在所难免。如果孩子真的犯错了，父母该怎么办？

首先，先处理情绪，再处理事情。很多家长在孩子犯错的时候生气，并不是因为孩子本身做的这件事，而是因为自己内心已经积压了各种各样的不满。比如，工作不顺、身体不适、家庭矛盾，或孩子曾经就很不听话，等等。孩子做的这件事，只是家长发怒的导火索。所以，在这个时候，我们要先调整好自己的情绪，给自己几秒的冷静时间，找到自己情绪失控的根源，把责任划分清楚。那些不该孩子承担的后果就不要迁怒于孩子身上；如果确实有值得发火的原因，也要跟孩子讲清楚，再和孩子就事论事地沟通。

其次，做成熟的父母，不跟孩子计较。毫无疑问，由于大脑前额叶的发育水平以及社会经验的不一致，父母和孩子的情绪处理能力有着较大的差异。父母面对、消化负面情绪和事件的能力要远大于孩子。这就要求我们，在遇到一些事情的时候，要表现得更像一个积极成熟的成年人，对孩子多一些包容和迁就。这虽是一个再浅显不过的道理，可惜很多父母在遇到具体问题时，仍然会踩坑。

嘟嘟的父母离婚了，离婚后的嘟嘟跟着爸爸，每个月只有一个周末才能和妈妈一起度过。

一段时间过去了，妈妈觉得嘟嘟越来越“白眼狼”了，在妈妈面前光说爸爸的好，爸爸怎么照顾他、陪伴他。这让原本心里就不平衡的妈妈更是气恼，于是生气地跟嘟嘟说：“既然你爸那么好，你跟你爸过就好了！你不用来我这里了！”看到妈妈生气的样子，嘟嘟吓得不敢说话。

嘟嘟妈妈的情绪处理能力应该比嘟嘟成熟很多，但案例中她的表现却并非如此。面对情绪时，孩子的感受是最真实的，嘟嘟觉得爸爸好，一定是得到了爸爸用心的照顾，所以才忍不住表达出来。但在妈妈看来，嘟嘟对爸爸的肯定就是对自己的背叛，反倒把孩子大骂一通。孩子是因为信任妈妈，才毫无保留地说出自己的真实感受，可惜自己的表达换来的是挨骂，嘟嘟下次自然不可能说实话了。

面对情绪，父母和孩子应当像两个容器，父母是大的容器，孩子则是小的容器。当负面情绪向孩子袭来时，它首先会流进孩子自己的容器里。但如果负面情绪太过强烈，马上就要撑爆孩子时，父母作为大容器就应该及时出手（最好的方式是拥抱），将那些孩子装不下的情绪全部接住，帮助孩子将坏情绪分流，防止孩子被情绪吞噬。在情绪上做一个稳定、成熟、可靠的父母，是让孩子感到安全和自信的重要条件。

最后，给自己布置一个积极暂停区。当孩子和大人产生冲突的时候，我们不能期待孩子成为把控事件和情绪走向的一方，而是大人一旦意识到自己的情绪面临失控，就应该立即积极暂停，此时为自己布置一个积极暂停区就很有必要。积极暂停区是简·尼尔森博士在《正面管教》一书中用来帮助孩子调节情绪的一个方法。事实上，无论当事人年龄大小，只要有情绪困扰，容易失控，他们都可以使用这个方法。

3. 父母认为自己什么都不行，孩子也会这样看待自己

不自信的人不管长多大，依然不自信，即使他们已经为人父母。殊不知，作为孩子身边关系最亲密的人，他们的一言一行都会被孩子吸收、模仿。不自信的父母不管是在家庭中还是在工作中的一些决策，都会影响着孩子的行为。

小龙的爸爸是一名医生，从小龙记事开始，爸爸就在医院一角的化验科给病人采血。小时候，爸爸就是小龙心中的大英雄，救死扶伤，帮助病人。

后来，爸爸的医院评先进工作者，需要每个人先准备一份个人事迹汇报材料。小龙的爸爸在整理材料的过程中，感觉自己的人生实在没有什么可圈可点的，自己在工作岗位上默默无闻了很多年，现在让说出点自己“先进”的案例，他好像没有一个拿得出手的。就这样，小龙爸爸放弃了参选先进工作者。

没有评上先进不要紧，小龙爸爸在回顾自己的工作生涯时，得出一个结论，那就是自己哪儿哪儿都不如别人，学历、能力、运气、人际关系，什么都不占优势，并断定自己的职业晋升怕是没有希望了。

从这件事情以后，小龙发现爸爸每天下班回来越来越消极了，总是往沙发上一躺，就什么也不管了。家里的家务不参与，小龙的学习他也不关心，更别提陪小龙一起玩了。

爸爸的生活态度也直接影响着小龙。从感觉不到爸爸的爱和温暖开始，小龙很担心同学们知道自己有这样的爸爸，和同学们的关系也渐渐疏远了。慢慢地，小龙的行为模式也越来越像爸爸，独来独往，不善言谈，在学校里似乎不存在。

孩子的生活中如果充斥着父母类似的语言：“我这辈子就这样了！”“我哪儿能干得了这个？”“家长会让你妈去吧，我到了也不知道说啥。”“这个不归我管，再说我也管不了。”“还是算了，你们找别人吧！”……很难想象孩子可以成长为一个阳光、乐观、大方、自信的孩子。

洪兰老师说：“教养孩子一点都不难，它就只有一个原则，就是以身作则。”如果父母希望孩子对自己有信心，就不能总是在生活中否定自己、低估自己的价值，认为自己一无是处；相反，遇到挑战，要勇敢面对，坦然接受结果，这样不仅对自己的人生是一个突破，也给孩子树立了一个坚毅勇敢的形象。

4．父母担心自己出错，孩子往往怯于尝试

人非圣贤，孰能无过？这句话告诉我们犯错误是正常的，只要不是原则性的错误，犯个错也没什么，下次改正就好了。然而，还是有很多人会害怕犯错。回想一下自己在工作中有没有出现类似的情况：

> 不敢尝试有挑战性的任务、项目；
>
> 遇到没有做过，没有人带领的工作时，便心里没底，感觉自己一定会出错；
>
> 即使愿意尝试，做的过程中，也是和负面情绪不断作斗争的过程，有严重的内耗、焦虑、恐惧、失眠；
>
> 一旦出错陷入负面情绪中，不能坚定地持续前进，抓住机会。

对于职场人来说，害怕犯错会失去很多发展的机会，尤其是在遭遇职业发展瓶颈时，会让人无法突破成长的天花板。而对于

父母来说，担心犯错，不去尝试有挑战性的事物，孩子也会变得胆小退缩。

爸爸妈妈带晶晶去游乐场玩。跟很多小孩不一样，晶晶对游乐场里的各种游乐设施都不是很感兴趣。无论游乐场里的设备多么有趣，晶晶总是待在某个角落里看别人玩。妈妈以为晶晶不玩是因为年龄小，还没有准备好，就打算先不管她，给她一些时间慢慢接受。

过了一会儿，晶晶说自己有点渴，想要喝水，妈妈就去旁边的商店给晶晶买水了。回来的时候，正好听到晶晶跟爸爸说："爸爸，你带我去攀爬架上玩吧？"妈妈很开心，她终于等到晶晶愿意主动去尝试新事物了。没想到，接下来爸爸的回答让妈妈哭笑不得。爸爸对晶晶说："那个攀爬架那么高，万一你要是掉下来，肯定会摔疼的。咱们还是坐在地上看别的小朋友玩吧，等你看会了，咱们再上去试。"

晶晶爸爸的话听起来似乎很搞笑，学玩攀爬架怎么能只通过看呢？但事实上，这也是很多人的思维方式：他们认为当面对一项新任务时，需要提前准备好所有，将所有风险都排除掉，之后才可以行动。也就是说，他们想要保证万无一失，害怕面对失败。可是，这个世界哪有万无一失的事情，出错和失误才是常态。

回到养育孩子的话题，如果父母太过追求完美，不愿意尝试新事物，担心自己犯错误，对孩子最大的影响就是：孩子也会因害怕犯错而不去尝试。父母的这种生活态度，无形中在向孩子传递着这样的信息：犯错误是愚蠢的，犯错误是不被允许的。如果孩子认为犯错意味着愚蠢，那么为了避免自己被贴上愚蠢的标签，孩子干脆就不去做了，因为只有不做才能保证不犯错；如果孩子认为犯错误是不被允许的，为了不让周围的人失望，为了得到父母的肯定和赞许，他们自然会选择不去面对可能失败的状况。长期待在自己舒适和擅长的领域，不去接触和面对新事物，这样的孩子很难真正地从容、自信。

回顾本节

从亲子养育的镜像原则来看，父母是孩子身边最重要的模仿对象，父母的生活方式和习惯也会不自觉地传递给孩子。因此作为父母，如果想要孩子阳光、开朗、自信，自己也要努力成为那样的人。

---

❶ 虽说社恐不是什么“过错”，无须愧疚自责，但作为父母，我们还是需要适当调整一下自己的生活方式，为孩子示范一种更加主动的生活态度。

---

❷ 情绪不是洪水猛兽，但情绪化的父母会将孩子的人生推向深渊，情绪化的父母养大的孩子唯唯诺诺。

---

❸ 如果父母希望孩子对自己有信心，就不能总是在生活中否定自己、低估自己的价值，认为自己一无是处。

---

❹ 对于父母来说，担心犯错，不去尝试有挑战性的事物，孩子也会变得胆小退缩。

6.2　父母的积极、主动和爱是孩子自信心成长的沃土

1．养育孩子没有捷径，唯爱与示范

德国著名幼儿教育家福禄贝尔说：教育之道无他，唯爱与榜样而已。家庭是人生的第一站，是人生的第一所学校，孩子在父母的行为中潜移默化地接受人格和行为的熏陶。孩子生下来时就像一张白纸，他身边最亲近的人的一举一动，都会在他的脑海中留下深深的印记。作为孩子身边最亲近的人，父母榜样的力量是无穷的。

好的家庭教育，一定是父母与孩子共同成长、互相成就的过程。

50 岁的白永旗是西南医科大学附属医院儿科护士长，为了陪“复习不在状态”的女儿，她做了一名陪考妈妈，加入“考研大军”。工作忙碌的她，从准备考研到正式考试，整个备考时间仅两个多月，且都是利用碎片化的下班时间和周末。而母女俩共同考研的事情，连老公都不知情，“平时我也经常在书房写东西，老公没觉得我有什么异常。”最终，白永旗考上了西南医科大学公共管理专业硕士研究生，而她 25 岁的女儿也同时考上了该校儿科学专业的研究生。

当记者问及白永旗为什么会加入“考研大军”时，她笑着说：“我是为了陪我女儿露露，她总是不在状态。”自2017年起，露露曾参与过2次西南医科大学的研究生考试，可无一例外都被刷了下来。转眼到2019年，这是露露的第三次考研之路。

可就在距离考试只有不到三个月时，白永旗发现露露的复习完全不在状态。白永旗真的非常担心露露：12月考试，9月底了她仍不在状态。“我着急了，如果这次再考不上，对她的打击会很大，说不定就真的放弃了。”为了鼓励女儿，也是为了逼女儿，白永旗决定：“我也报名！陪你考！”白永旗不仅监督了自己的孩子，还和孩子共同学习。当然最终的结果也是非常喜人：母女俩双双考入一流大学。

但凡智慧的父母，从不说教，因为他们都知道，只有以身示范才是孩子前进的动力。美国家庭治疗大师萨提亚曾说：“一个人的性格特点、人生三观、精神品格、思维方式、生活习惯，都深受其原生家庭影响，很多甚至是决定性的影响。”

有个小男孩，妈妈是医生。医院里病人特别多，妈妈工作非常非常忙，无暇照顾他，于是就只好每天把他带到医院里来，让他跟着妈妈一起巡查病房。

小男孩每天跟着妈妈工作，发现妈妈每天上班都要穿着修身的正装，带着职业领带，再在外面披一件白大褂。

小男孩问妈妈：“妈妈，你为什么每天都要打领带？其他的叔叔阿姨巡查病房的时候，也没看到他们打领带啊？”

妈妈告诉他：“这样才能表现出对病人的尊重呀，这样才能显示你对这份工作的职业感，病人才会觉得安心呀。”

有一年夏天，医院里突然停电，妈妈去各个病房巡查，小男孩也跟着去。没有空调，天气很热，妈妈系着领带，戴着口罩，进出不同的病房，豆大的汗珠从额头滑落，小男孩看到妈妈的后背已经湿了一片。

但妈妈没有丝毫懈怠，一如既往地严整、认真、负责。妈妈对他说：“这是对病人的尊重，这是职业感。”

20 年后，小男孩大学毕业，进入一家金融公司，他始终记得那个停电的夏天，妈妈汗水湿了后背，但严整装束巡查病房。

于是，他给自己订下了很多规矩，例如：常备剪裁正装，无论什么情况下，去见客户，一定穿正装；不能迟到；当天的邮件，凌晨前一定回复；收到的邮件，2 小时内必须回复。

后来，这个小男孩成了全球顶尖金融投资家，他就是杰西・利弗莫尔。

人在不同的环境里，由于长期耳濡目染，其性格、气质、素质和思维的方式等方面都会有明显的差别，环境对人的成长具有非常重要的作用。家庭环境对孩子性格的塑造更是这样。父母的出身不会决定孩子的人生，但父母的言行举止、做事态度对孩子有着决定性的影响。

2. 向孩子展示积极的人生态度：失败了没什么大不了

生活中，难免会遇到一些困难，有的家庭在困难中很快会被冲散，而有的家庭却能越挫越勇，不但战胜了苦难，风暴过后，反而让一家人抱得更紧。之所以会如此不同，主要取决于父母以什么样的态度面对困难。如果父母情绪低落、情绪波动大，孩子在成长过程中很容易受到负面影响；但如果父母带着积极的心态去面对生活中的挑战，那么孩子也会变得更加坚强，更好地面对生活中的各种困难。

在江苏连云港有一家人，他们用言传身教的方式，给予孩子“精神世界的富足”。他们是一对“90后”夫妻，带着孩子住着最简陋的毛坯房，却把日子过成诗，让人羡慕不已。

小两口贷款买房，首付花掉他们全部的积蓄，加之正处于创业初期，没有资金和精力搞装修，所以父母决定带两个孩子暂住在毛坯房里。

妈妈吴女士喜欢画画，一有空就在画板上潜心描绘。她还喜欢研究花草和美食，时常做甜点犒劳家人。爸爸喜欢做手工、木工，家里的桌子、书架都是爸爸亲手制作的，做工简单却是走心之作。而兄弟俩各有各的喜好，书法、阅读、架子鼓，都是他们的课余兴趣爱好。他们经常沉浸在自己的小世界里，丝毫不嫌弃房子没有装修，反而觉得很漂亮、很温馨。

正如吴女士所说：“只要家里充满爱，对孩子来说就是最好的装修。”

无论贫富，父母都可以为孩子示范好的生活方式。创业初期的窘迫与艰辛可想而知，可是夫妻俩没有因此被压垮，反而以积极的面貌应对生活的辛劳，还把不宽裕的日子过出诗意的模样。当家庭遇到困难，需要家庭成员共同面对时，父母更需要以身作则，展现积极向上、正面的态度。这样才能更好地影响孩子，让他们在自信、勇气以及社会责任感的引导下，成为一个积极向上的人，并不断探索属于自己的人生舞台。

3. 向孩子示范主动的生活方式：走出去试一试，会有更好的风景

不自信的孩子有一个很明显的特点，就是他们很喜欢待在自己熟悉的领域和空间里，不愿意走出去尝试新事物。作为父母，我们尤其需要给这样的孩子做一个好的示范：多带他们体验不同的风景、尝试不同的事物，让他们在体验的过程中感受愉悦和成功，继而增强自信心。

走出去，无论是对人际关系的改善还是生活经验的积累，都有很大的帮助，而这两者也是让人拥有自信的关键。

首先，主动走出去，收获好的人际关系。人际关系的建立有两个非常重要的条件：一是空间距离，一是交往频率。也就是说，距离近了，人们才能够有更多的机会进行交往；交往得多，才有更多距离拉近的感觉。只有提高交往的频率，才会有心理关系的增进。因此，构建好的人际关系，必须要走出家门。父母如果长期宅在家里，孩子也会养成这样的生活习惯。而我们知道，好的社交能力和好的社会关系对孩子自信心的培养具有不可替代的作用。

其次，走出去，可以扩大见识，丰富经验。现在的孩子无论是从学习方式还是学习内容上都与父辈们有着天壤之别。以前孩子们的知识基本来自书本，如今我们更倡导在真实情境中学习，把世界当作课堂；以前我们认识世界是依靠读万卷书，如今，除了读万卷书，更要走万里路。对孩子而言，他的见识和视野有多大，他就拥有多少和人沟通的素材，而素材越多，他被认可和肯定的机会就越多，自信心也会越强。

关于走出去，带孩子看世界，在网上有位博主是这样说的：

> 前几天有朋友跟我吐槽说，每次带孩子出去旅行，孩子的爷爷奶奶都会阻拦，说孩子还小什么都记不住，光折腾孩子了。但真的是这样的吗？
>
> 我们家闺女今年4岁了。不到2岁的时候，我们就带她去了十多个国家。说实话，她当时确实太小了，可能真的什么都记不住；但是带着她出去看山看海，给她带来的心情是真真实实存在的，就算景色忘记了，这种感受也会滋养她的心。
>
> 同时，现实是最好的老师。旅行的时候，遇到各种人、各种事，她会默默地观察、静静地模仿。她虽然不懂，次数多了，潜意识里就不会害怕新鲜事物，面对陌生的环境也就不会惊慌失措了。
>
> 很多人总喜欢说要去旅行得有钱才行啊，但其实天高海阔和乡野小道也没啥区别。维也纳博物馆多，所以有时间我就带她去逛。我知道她现在不懂，但只要看过，未来在跟人交往的时候，聊到这些内容，她也能参与讨论，她

自己也会更自信。

旅行的意义，从来就不是立竿见影的成长，那是潜移默化的影响，见多识广才会处事不惊。

4. 给孩子创造有爱的家庭环境：不管发生什么，家永远都在

电影《奇迹男孩》讲述了10岁的男孩奥吉，由于天生面部畸形，所以太空帽不离身，把自己包裹、保护在美丽的星空想象里，隔绝与外界的联系。小学五年级时，奥吉进入一所公立学校学习，在那里，奥吉将与校长、老师以及性格迥异的同学相处，他不寻常的外表让他成为同学们讨论的焦点，并终日受到嘲笑和排斥。最终奥吉凭借自身的勇敢、善良、聪敏影响并激励了许多身边的人，并收获了友谊、尊重与爱，最终成长为大家心目中不可思议的“奇迹”。

《奇迹男孩》之所以能成为奇迹，不仅仅是奥吉最后终于接纳了自己的容貌，与世界握手言和，更因为来自父母和家庭的无条件的爱。不管奥吉什么样子，全家都把他当成家里的小太阳，妈妈放下了自己的梦想，美丽的姐姐甘愿做围绕弟弟转的小行星，强大的爸爸就更不用说了，所以，奥吉在家人的爱里，没有感受到这世界的残酷和丑陋，并且拥有着正常和善良的心理。

在他遇到一些不太友好的孩子时，妈妈说：“好吧，虽然不容易，但是你要理解，他可能对自己没什么自信，其他人可以不懂事，但你要大度一些，好吗？”

爸爸说："看着我，奥吉，看来那孩子真不怎么样，要是有谁欺负你，你就欺负回去，谁都不用怕。"

姐姐说："别人要看，就尽管让他们看，有的人生下来就与众不同。"

来自家人的爱给了奥吉勇敢面对外界的强大勇气，奇迹是奥吉创造的，但更是全家一起创造的。对于孩子而言，没有什么比来自父母的爱更加能给他力量了。当孩子面临困难和挑战时，父母应该以温暖的怀抱和无私的支持来鼓励孩子，让孩子感受到自己并不孤单，无论何时何地，他的背后都有父母的支持。

在充满爱的家庭成长，孩子被爱浸润，自然会富有爱心，而爱心是一个人奋发的最佳原动力，因此，富有爱心的孩子将来更容易获得人生的幸福和成功。有爱的家庭中的父母大多具有优良品行，他们互敬、互助、互爱，孩子受到他们优良品行的长期熏陶，自然会效仿，也容易养成优良品行，而这种在家庭中养成的优良品行有利于他们一生的幸福和成功。

充满爱的家庭能给孩子提供充分的安全感，这些孩子较少有担忧和恐惧。在这样的环境中，孩子能成长得更自由、更健康、更充分，也更加自信。这样的家庭能给孩子很大幸福感，对孩子来说，这样的家像一个安全基地一样，让他可以安心地去探索更广阔的世界，知道幸福的美好，让他懂得感恩，懂得珍惜，懂得自己也要努力去追求并创造这种幸福。

如果说家庭是孩子的加油站，那么在充满爱的家庭里，孩子睡得更安稳香甜，"油"也加得更足，自信心也自然生根发芽。

回顾本节

❶ 养育孩子没有捷径，唯爱与示范。父母的出身不会决定孩子的人生，但父母的言行举止、做事态度却对孩子有着决定性的影响。

❷ 向孩子展示积极的人生态度：失败了没什么大不了。

❸ 向孩子示范主动的生活方式：走出去试一试，会有更好的风景。作为父母，我们需要给孩子做一个好的示范：多带他们体验不同的风景、尝试不同的事物，让他们在体验的过程中感受愉悦和成功，继而增强自信心。

❹ 给孩子创造有爱的家庭环境：不管发生什么，家永远都在。如果说家庭是孩子的加油站，那么在充满爱的家庭里，孩子睡得更安稳香甜，“油”也加得更足，自信心也自然生根发芽。

6.3 给自己松绑，育儿不是父母人生中唯一的工作

人生在世，每个人都是多重身份，对一个妈妈来说，她除了是妈妈，还是妻子、是女儿、是职员，更重要的，她是一个独立的、独一无二的个体。如果要给这些角色依照重要性排序，在不同的人眼中它们的顺序可能不同，但相同的是既然身兼这么多角色，每个人都需要在这些角色中找到一个平衡，过一种平衡的人生。

遗憾的是，很多父母在有了孩子之后，会把育儿当作人生最重要甚至是全部主题。这样一种密不透风的爱和关注，不仅葬送了父母自己的人生，其实也让孩子压力很大。

在电视剧《警察荣誉》里，陈新城警官好不容易把女儿从前妻那里接回来跟自己一起住，但由于之前太久没在一起生活，加上个人经历，所以陈爸爸万分地小心翼翼。这让 18 岁的女儿非常难受，想要搬走。陈警官的徒弟李大为说："您应该正常一点，该发火发火。"陈警官听了说大为是欠骂。但徒弟说："你看，这样才是一个人的正常反应呀，如果你总是小心翼翼，对方也是不舒服的。"

一段关系中，如果总有一方在"委屈求全"，那么这样的关系注定是不健康的，也是无法长久的。对亲子关系来说，更是如此，

可以说平等是亲子关系中最重要的原则。平等的亲子关系意味着每个人都在做真实的自己，有人性的自己。这就是说，父母需要做一个真实的人，他们会累、会偷懒、会难过、会生气、会失去耐心……，父母越真实自然，家庭关系和孩子的成长也将更加自然。

1. 照顾好孩子之前，先给自己续满杯

在家庭中，父母的角色是至关重要的。他们不仅是家庭的支柱，还是孩子成长过程中的引路人。但随着现代生活节奏的加快，父母也常常面临各种各样的压力，这些压力往往会影响他们的情绪。

《游戏力》一书的作者劳伦斯·科恩提出了著名的“续杯”理论：“孩子不断需要关爱和照顾，就好像有一个杯子，不断需要蓄水。”他把孩子的照料者比作大蓄水池或者加水的人，而水就是爱心、关注和安全感。每个人都有一个玻璃杯，父母是大的玻璃杯，孩子是小的玻璃杯，当孩子的杯子空了又无力为自己续杯时，父母就需要将自己杯子里的能量分出一部分，填补孩子缺失的那部分。

虽说给孩子续杯是父母的职责，但对父母来说，给自己续杯更为重要，因为只有自己的杯子里有东西，我们才能分出来给孩子。如果自己的水杯已经见底，那么即使我们想分，也分不出来。当遇到困难和挫折、感到无力和迷茫的时候，我们就要有意识地发现生活中的资源和美好，给自己“续杯”。在努力为孩子创造一个温馨、和谐的家庭环境的同时，父母也要为自己留出放松和喘息的时间。那么，父母如何才能照顾好自己的情绪呢？

1）深度放松

父母在养育孩子的过程中，往往会面临许多压力和挑战，因此学会放松自己至关重要。以下是一些建议，帮助父母们找到适合自己的放松方式。

建立日常的放松习惯：比如冥想、瑜伽、深呼吸等，有助于舒缓压力和焦虑。

与伴侣或朋友倾诉：分享感受和压力，获得理解和支持，是很好的情绪出口。

创造愉悦的日常生活：如烹饪、阅读、听音乐、散步等，这些活动可以带来片刻的宁静。

定期的独处时间：即使只是短暂的片刻，也能让父母们有机会整理思绪，恢复精力。

睡眠充足：减少屏幕时间，确保每晚获得足够的休息，是减轻压力和焦虑的重要方法。

设定合理的期望值：不必追求完美，合理安排家务和育儿任务，避免给自己过多的压力。

参与户外活动：接触大自然有助于放松身心，如徒步、野餐或简单的花园散步。

这些活动有助于开阔视野、陶冶情操，让父母在忙碌的生活中找到片刻的宁静。父母们要记得，照顾好自己，才能更好地照顾家人。

2）培养乐观心境

乐观的心态对一个人的情绪有很大的影响，一个乐观的父母更有可能培养出积极向上的孩子。当遇到困难时，乐观的父母会看到问题背后的机会，从而更好地应对挑战。这种乐观的心态不仅可以提升家庭的氛围，还可以帮助父母更好地调节自己的情绪。为了培养乐观的心态，父母可以尝试保持积极的态度，关注生活中的美好事物，学会从困境中寻找希望，从而更好地应对生活中的挑战。

3）养成健康习惯

健康的身体是良好情绪的基础。父母应注重饮食平衡，保证充足的睡眠时间，并适当参与运动。运动能释放身体的压力，让人感觉轻松自在。一个身心健康的父母更有能力管理自己的情绪，为家庭创造和谐的环境。父母可以制定合理的作息时间表、定期进行适量的运动、保持良好的饮食习惯等。这些习惯不仅有助于身体健康，还能让父母保持愉悦的心情和良好的心态。

4）关注心理健康

面对情绪问题时，父母不应感到羞耻或忽视。心理健康与身体健康同样重要。如果觉得自己的情绪问题已经影响到日常生活和家庭关系，建议寻求专业心理医生的帮助。专业的心理医生可以为父母提供有针对性的指导和方法，帮助他们更好地处理情绪问题。此外，父母还可以通过阅读心理学书籍、参加心理讲座等方式来提高自己的心理健康水平，从而更好地应对生活中的挑战和压力。

2．支持孩子的成长，也给自己寻找一些支持

电视剧《请回答 1988》里面，有一句让无数人落泪的台词——当德善的爸爸在胡同口陪着她过了人生的第一次生日后，他充满歉意地对女儿说：“爸爸我，也不是一生下来就是爸爸。爸爸也是头一次当爸爸，所以，我女儿稍微体谅一下。”这句话，引

起无数年轻父母的共鸣。是的，没有父母不想成为一个“好父母”，无奈，成为父母这件事情从来都没有实习期，我们都是单枪匹马地凭着自己对养育的理解，而对孩子付出了所有。

一个人的认知和经历有限，也就注定了养育孩子的一路上难免会犯错，难免会有失误和遗憾，但是好在我们处在一个各种资讯和信息都唾手可得的年代，了解他人的经验和技术，可以让父母避免走很多弯路。当我们在为孩子的成长创造好的环境时，别忘了给自己也寻找一些支持。

这些支持首先来自身边的人。家庭成员、亲戚朋友、孩子的老师，他们都可以成为养育孩子的共同体。

事实上，在养育孩子这件事情上，很多父母天生不信任别人，他们总认为只有自己才最懂孩子，了解他们的需求，照顾他们的需要。很多新手妈妈会把照料孩子的“权力”全部占有，甚至不让爸爸插手。这样看似养育方式能保持一致了，可也带来了其他的问题：首先，妈妈的养育方式不一定是最合适的；其次，就算妈妈的方式合适，她也会有疲惫的时候。当一个妈妈自己的身体没有得到好好的照顾时，她又如何照顾好自己的孩子呢？

从莉莉出生开始，妈妈就承担了所有的照料工作。尽管家里还有爷爷奶奶，但除了爸爸之外，妈妈不让老人插手关于养育莉莉的所有事情，因此奶奶只能做一些扫地、洗衣之类的家务。后来，随着莉莉的长大，妈妈不得不出去上班了。距离上班的时间越来越近，莉莉的妈妈变得焦虑无比，在她看来，除了自己，没有人能照顾好莉莉。她担心莉莉在家得不到好的照顾，天天情绪低落，忧心忡忡，后来大病一场。

病愈后，莉莉妈妈只能硬着头皮去上班了。奇怪的是，她发现，奶奶把莉莉照顾得很好，莉莉在家每天都很开心，各方面的进步也非常大。

是的，一个人带孩子的时候难免会感到倦怠，既然家里还有其他成员，不妨把照顾孩子的“权力”分出一些给他人。就像莉莉妈妈的感受一样，只要是带着爱来呵护孩子，不管孩子多么年幼，他们也能快乐地成长。随着孩子的长大，他们的社会圈子也会增大，这个时候，老师、朋友也都会成为很好的共同养育伙伴。遇到困惑，多和老师还有妈妈们沟通，多听听大家的经验和方法，既能避免走弯路，也是给自己松绑。

除了人的支持之外，父母还可以寻求一些技术上的支持。如我们上文所言，当今社会信息特别容易触及，如果在养育孩子的过程中遇到了一些具体的困惑，不妨去参加一些父母读书会，参加一些线下父母工作坊（正面管教工作坊、游戏力养育工作坊、非暴力沟通工作坊，等等），学习一些养育的知识和方法，这些技巧和技术上的支持有时候会让我们的育儿工作变得轻松很多。

3．承认遗传的作用，做能够做到的最好

人人都在说自信的孩子将来有多么了不起，自信心对孩子未来的发展有多么重要，这种观点没有错，也正是认识到自信心的重要性，才会有这本书的存在。

然而事实上，自信心是一个很难测量的特质，我们没有办法拿一个仪器去检测每个孩子身上自信的成分有多少，因此我们只

能通过孩子的一些外在的表现来估量孩子的自信心水平，比如，他是否开朗健谈，是否“社牛”，是否具有探索精神，等等。但这并不是说一个不善谈、不活泼、不主动的孩子就一定不自信。很多领域杰出的人物，他们一辈子不接受访谈，不出现在公共视野里，但我们仍然不能否定他们为人类做出的巨大贡献。当他们在不同的领域开疆扩土，做着前所未有的事业时，他们一定是拥有自信的，他们只是不善或不喜言谈而已。

弄清楚这一点是很重要的。很多父母，看到自己“沉默”的孩子时，就会无端地焦虑和生气，潜在地认为自己的孩子“不会表现”，将失去很多机会。其实，沉默的孩子依然可以是一个有能量、有信心，内心强大的孩子。他们之所以沉默，是先天遗传所致。

每个人的长相、身材，乃至脾气、性格，都与父母或多或少相似。每个人都会感觉到，自己成长的过程中，似乎有看不见的力量在操控。我们经常用“天生如此”来解释自己的命运。这就是你继承自父母，写在自己 DNA 中的遗传密码。

同样，孩子最终成为一个什么样的人，一定是他先天的气质特征和后天养育环境共同造就的结果。但遗憾的是，对当代的很多父母而言，承认遗传在孩子身上的作用很重要，这一点变得越来越难。

所有的父母都想在养育孩子这件事上拼尽全力，因此他们会放大后天养育的重要性，认为“人定胜天”。但从科学的角度来看，一个人永远不能摆脱遗传基因的作用，正如你不能要求一个侏儒症孩子成为运动健将，也不能让一个普通孩子变成牛顿。

当父母开始承认遗传的作用时，他才会真正地放下期待，真心地接纳孩子。虽说积极乐观、开朗健谈是一种很好的人格，但很多人就是沉默寡言了一辈子！沉默不代表失败，沉默也不代表不幸，有些人只是不愿意抛头露面、活在聚光灯下而已。我们不能想当然地来否定“沉默寡言的人”的一生，也没有权力去对抗孩子原本的生活方式。

作为父母，我们有责任将孩子往积极、开朗、健谈的一面引导，但如果孩子只想且只擅长埋头做事，我们又何必逼孩子，也逼自己呢?

作为父母，要学会抓大放小。每个孩子身上的价值总量是均衡的，如果孩子不是外显型的孩子，那么他的更多能量一定用在了向内的部分，孩子可能不开朗、健谈，但他往往会更加专注、认真、坚强。智慧的父母懂得放大孩子的优势，而不是无限地拔高孩子的劣势。

作为父母，如果对孩子的“出厂设置”不管不顾，只是被社会的主流观点裹挟，抓住自信心的若干表现（开朗、健谈、主动、积极）玩命地培养，往往会造成很严重的问题。

作为父母，重要的是把握育儿的底层逻辑：给孩子无条件的爱，让他拥有安全感；成为孩子的安全基地，成为最值得信赖的父母；培养孩子的能力感、自主感和价值感……底层逻辑建立得好，孩子、父母和家庭都不会有问题。

回顾本节

很多父母在有了孩子之后，会把育儿当作人生最重要的甚至是全部的主题。

这样一种密不透风的爱和关注，不仅葬送了父母自己的人生，也让孩子压力很大。

1. 照顾好孩子之前，先给自己“续满杯”。当我们遇到困难和挫折、遇到无力和迷茫的时候，我们就要有意识地发现生活中的资源和美好，给自己“续杯”。

2. 支持孩子的成长，也给自己寻找一些支持，包括人的支持和技术的支持。

3. 承认遗传的作用，做能够做到的最好。作为父母，我们只在能力范围内做到最好，而不执着于待那些超出孩子能力范围的贪念。

小测试
评估你的家庭氛围及环境现状

以下是关于家庭情况的问题，用来评估家庭成员之间在亲密度、情感表达、社交娱乐等方面的现状。请您决定哪些问题符合您家里的实际情况，哪些问题不符合您家里的实际情况。如果您认为某一问题符合或者基本上符合，请在答案“是”上画圈；如果不符合或基本上不符合，请在答案“否”上画圈。

1. 我们家庭成员总是互相给予最大的帮助和支持。　是　否
2. 家庭成员总是把自己的感情藏在心里不向其他家庭成员透露。　是　否
3. 家中经常吵架。　是　否
4. 家庭成员无论做什么事情都是尽力而为的。　是　否
5. 大多数周末和晚上家庭成员都是在家中度过的，而不外出参加社交或娱乐活动。　是　否
6. 在家里我们感到很无聊。　是　否
7. 在家里我们想说什么就可以说什么。　是　否
8. 我们都非常鼓励家里人具有独立精神。　是　否
9. 我们很少外出听讲座、看戏，或去博物馆以及看展览。　是　否
10. 家庭成员常外出到朋友家去玩并在一起吃饭。　是　否
11. 我们都认为学会新的知识比其他任何事情都重要。　是　否
12. 家中没人参加各种体育活动。　是　否
13. 在我们家，有一种和谐一致的气氛。　是　否
14. 我们常看电影或体育比赛、外出郊游等。　是　否

15．家庭成员经常公开地表达相互之间的感情。　是　否

16．家庭成员之间常相互责备和批评。　是　否

17．我们总是不断反省自己，强迫自己尽力把事情做得一次比一次好。

是　否

18．我们家每个人都对一两项娱乐活动特别感兴趣。　是　否

19．家庭成员总是衷心地相互支持。　是　否

20．家庭成员除工作学习外，不常进行娱乐活动。　是　否

21．家庭成员的意见产生分歧时，我们一直都回避它以保持和气。

是　否

22．家庭成员有时按个人爱好或兴趣参加娱乐性学习。　是　否

23．家庭成员之间讲话时都很注意避免伤害对方的感情。　是　否

24．家庭成员常在业余时间参加家庭以外的社交活动。　是　否

25．我们娱乐活动的主要方式是看电视、听广播，而不是外出活动。

是　否